WOGUO XUEXIAO WUSHU DALIANHEYI
JIAOXUE MOSHI GOUJIAN LILUN YU SHIZHENG YANJIU

我国学校武术"打练合一"教学模式构建理论与实证研究

彭 翔 ◎著

中国书籍出版社
China Book Press

图书在版编目（CIP）数据

我国学校武术"打练合一"教学模式构建理论与实证研究 / 彭翔著 . — 北京：中国书籍出版社，2023.12
ISBN 978-7-5068-9744-0

Ⅰ . ①我… Ⅱ . ①彭… Ⅲ . ①武术－体育教育－研究－中国 Ⅳ . ①G852-4

中国国家版本馆 CIP 数据核字（2024）第 012906 号

我国学校武术"打练合一"教学模式构建理论与实证研究

彭 翔 著

图书策划	尹 浩 李若冰
责任编辑	尹 浩
责任印制	孙马飞 马 芝
出版发行	中国书籍出版社
地 址	北京市丰台区三路居路 97 号（邮编：100073）
电 话	（010）52257143（总编室）（010）52257140（发行部）
电子邮箱	eo@chinabp.com.cn
经 销	全国新华书店
印 刷	廊坊市博林印务有限公司
开 本	710 毫米×1000 毫米 1/16
字 数	230 千字
印 张	11.25
版 次	2023 年 12 月第 1 版
印 次	2023 年 12 月第 1 次印刷
书 号	ISBN 978-7-5068-9744-0
定 价	60.00 元

版权所有 翻印必究

前　言

武术教育，作为一门融合文化、健康和教育的综合性课程，在当今社会备受关注。随着教育理念的演变和社会的不断发展，传统的武术教学模式面临着诸多挑战，需要更加灵活和创新的方法来满足学生的需求。在这一背景下，引入"打练合一"教学模式成为探索的焦点，旨在弥补传统教学的不足，为学生提供更全面的教育体验。

"打练合一"教学模式突破了传统武术教学的局限，将实际应用与理论知识相融合，强调武术技艺与学科知识的有机结合。这种模式不仅注重学生的身体锻炼，更注重培养学生的团队协作、创新思维和实际应用能力。在这样的教学环境中，学生不仅仅是武术的学习者，更是全面发展的个体。

在全书的编排中，笔者从武术教育的历史与传统入手，深入探讨学校武术教育的演变过程，以及"打练合一"教学模式的概念与特点。笔者聚焦于教育理论与模式的构建，详细阐述教育理论在武术教育中的应用，为"打练合一"教学模式的实践奠定理论基础。笔者深入探讨"打练合一"模式的实施情况，包括教学计划的实施步骤、学校武术课程的实践、学生的参与与反馈，以及教师角色与培训等方面。通过实证研究结果与分析，笔者客观评估这一教学模式对学生学术表现、自信心和综合素质的影响，以及在实施过程中面临的挑战和问题。

最后，本书进行"打练合一"教学模式的效益评估，探讨教育效益的评估方法、课程改进与学习成果的展示，以及社会参与与文化传承等方面。结论与未来展望总结研究成果，探讨模式的可持续性与发展，并

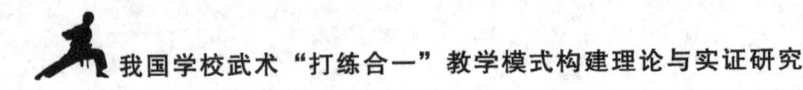

提出未来研究方向与推广建议。通过这一全面而深入的研究，笔者期望为学校武术教育的未来提供实证支持和针对性的建议，推动武术教育迈向更全面的发展方向。

彭翔
2023 年 11 月

目　　录

第一章　引言 …………………………………………………………… (1)
　第一节　研究背景与动机 ………………………………………………… (1)
　第二节　研究目的与问题 ………………………………………………… (5)
　第三节　研究方法与数据收集 …………………………………………… (15)

第二章　武术教育与"打练合一"教学模式 …………………………… (25)
　第一节　中国武术教育的历史与传统 …………………………………… (25)
　第二节　学校武术教育的演变 …………………………………………… (29)
　第三节　"打练合一"教学模式的概念与特点 ………………………… (33)

第三章　教育理论与模式构建 …………………………………………… (41)
　第一节　教育理论在武术教育中的应用 ………………………………… (41)
　第二节　模式构建的理论框架 …………………………………………… (50)
　第三节　教学设计与教材编写 …………………………………………… (53)

第四章　实证研究方法与设计 …………………………………………… (58)
　第一节　研究设计与目标 ………………………………………………… (58)
　第二节　研究参与者与样本选择 ………………………………………… (61)
　第三节　数据收集工具与程序 …………………………………………… (65)
　第四节　数据分析与解释方法 …………………………………………… (71)

第五章　"打练合一"教学模式的实施 ………………………………… (80)
　第一节　"打练合一"教学计划的实施步骤 …………………………… (80)
　第二节　学校武术课程的"打练合一"教学实践 ……………………… (84)
　第三节　学生参与与反馈 ………………………………………………… (88)
　第四节　教师角色与培训 ………………………………………………… (97)

第六章　实证研究结果与分析 …………………………………………… (108)
　第一节　学生学术表现与学习成果 ……………………………………… (108)
　第二节　学生自信心与综合素质发展 …………………………………… (112)
　第三节　实施挑战与问题解决 …………………………………………… (115)

第四节 教师观点与经验分享 …………………………………(119)
第七章 "打练合一"教学模式的效益评估 ……………………(127)
第一节 教育效益评估方法 …………………………………(127)
第二节 课程改进与学习成果展示 …………………………(132)
第三节 社会参与与文化传承 ………………………………(140)
第八章 结论与未来展望 ………………………………………(147)
第一节 研究成果总结 ………………………………………(147)
第二节 模式的可持续性与发展 ……………………………(152)
第三节 未来研究方向与推广建议 …………………………(160)
参考文献 ………………………………………………………………(172)

第一章 引言

本书旨在深入探讨我国学校武术教育领域中新兴的"打练合一"教学模式。通过对研究背景与动机的论述，我们将揭示这一研究的来源和意义。随后，通过明确定义的研究目的与问题，我们将引导读者理解本研究所致力于解决的具体问题，并为后续章节的深入阐述奠定基础。在研究方法与数据收集一节，我们将向读者介绍本研究所采用的方法论与数据收集的框架，以确保研究的可靠性和有效性。通过系统性的研究设计，我们将深入研究"打练合一"教学模式的实施，涵盖了教育理论与模式构建、实证研究方法与设计、模式实施的各个层面。

第一节 研究背景与动机

在我国学校武术教育领域，随着社会的发展和教育理念的不断更新，传统的教学模式也面临着日益严峻的挑战。[①] 为了更好地适应学生的需求、提升教育质量，以及传承中华武术文化，一种新兴的教学模式——"打练合一"教学模式应运而生。这一模式旨在将武术的实战性与练习的系统性有机结合，以提高学生的身体素质、自我防护能力和全面发展。

一、研究背景

本研究的背景源于对我国学校武术教育现状的关切，以及对于"打练合一"教学模式潜在影响的好奇。当前，武术不仅仅是一项体育活动，更被视为一种融合文化、健康和教育的综合性课程。然而，如何在学校环境中有效地实施"打练合一"模式，以及这一模式将会对学生的学术表现、综合素质和自信心产生何种的影响，

---

① 刘晓惠.新时代中国武术散打赛事发展困境与应对策略[J].武术研究，2023，8（11）：36-38+49.

仍然是一个值得深入研究的问题。①

中国传统武术自古以来一直扮演着文化传承、身体锻炼和自我防护的重要角色。然而，随着社会的不断变革和教育理念的演进，传统武术教育在学校中的地位和方式也受到了挑战。传统的武术教育往往侧重技击动作的学习，而缺乏与实际应用相结合的系统性训练。为了更好地满足学生的需求，提高武术教育的实用性和吸引力，一种新的教学模式——"打练合一"教学模式逐渐引起了学术界和教育实践者的关注。

在这一背景下，本研究旨在深入探讨"打练合一"教学模式在我国学校武术教育中的具体应用与效果。通过对中国武术教育的历史与传统进行回顾，我们可以看到武术一直是体现中国文化精髓的重要元素之一。然而，随着社会的发展，单一的技击训练难以满足学生全面发展的需求，因此需要一种更为综合、系统的教学模式。

当前，学校武术教育也面临一系列挑战，包括学生对传统武术教学内容的兴趣不高、教学模式单一等问题。为了解决这些问题，一些学校开始尝试"打练合一"教学模式，旨在将武术技击与实战练习相结合，培养学生的过硬的身体素质、实用技能的使用和自我保护意识。

因此，本研究的背景在于回应当前武术教育面临的挑战，以及对新型教学模式实际效果的关切。通过深入研究"打练合一"教学模式的理论构建、实施过程和效果评估，我们旨在为武术教育领域提供可行的改革方案，并为学校武术教育的未来发展提供有益的经验和启示。

二、研究动机

我们的动机在于通过深入研究"打练合一"教学模式，为武术教育领域提供实证研究的支持，为教育决策者、教育工作者和学生家长提供可靠的参考。通过系统性的理论框架和实证研究，我们希望能够揭示这一新兴教学模式的优势、挑战，以及在我国学校教育中的实际应用情况，为未来武术教育的改革和发展方向提供有益的启示。

（一）对学校武术教育现状的关切

随着社会的发展和教育理念的演变，传统的武术教学模式可能已经无法完全满足学生的需求。关注学校武术教育现状，探究其面临的挑战和问题，成为本研究的

---

① 蔡仲林，翟少红. 体育教育专业武术必修课程现状对策研究[J]. 武术科学，2004（5）：1－3.

首要动机。通过深入了解目前的教育环境，我们可以更好地理解为何需要新的教学模式。

传统武术教育往往侧重于技击动作的学习，而缺乏对武术多元性和实用性的探讨。这使得学生可能陷入过于刻板的武术练习中，无法培养全面的技能和素质。随着社会的快速发展，学生对于传统武术教育的兴趣逐渐减弱。传统的武术教育不能有效地吸引学生，导致学生可能对课程失去兴趣，影响了教学效果。传统武术强调技艺的独特性，但在实际应用、自我保护等方面的训练相对较少。随着社会环境的复杂化，学生需要更加实用的武术技能，而传统模式未必能够满足这一需求。

在这一背景下，本研究以关注学校武术教育现状为首要动机。通过深入了解目前的教育环境，我们可以更好地认识到传统武术教学模式的局限性，以及在当今社会条件下对学生所提出的更高要求。这种关注不仅来自对武术文化的尊重和热爱，更是对学生全面发展的责任心的体现。为了应对这些挑战，引入新的教学模式成为迫切的需要。本研究通过深入研究"打练合一"教学模式，旨在探索一种更符合当代学生需求、更全面发展学生技能的教学方式，以推动学校武术教育的创新和发展。通过了解当前教育环境中的问题，我们可以更有针对性地构建出更适应时代潮流的武术教学模式，为学生提供更为丰富和实用的教育体验。

（二）"打练合一"教学模式的新颖性

"打练合一"教学模式作为一种新颖的教学理念，被人们寄予厚望，认为有望填补传统武术教育的不足，为学生提供更全面的教育体验。我们对这一新型模式的好奇心推动着我们深入研究其构建理论、实施过程和可能取得的教育效果。

"打练合一"教学模式强调将武术技击和实际应用相结合，全面培养学生的技能。我们好奇这一综合性的学习体验是否能够更好地激发学生学习兴趣，促使其更积极地投入武术学习中。了解"打练合一"教学模式的理论构建，我们可以看到这一模式在教育理念、课程设计等方面可能进行了创新。我们好奇这种创新是否能够为学生提供更为深刻的学习体验，以及这种理论构建是否能够有效地指导实际教学过程。

引入新的教学模式必然面临着一系列的挑战和机遇。我们对"打练合一"教学模式在实施过程中所面临的困难、成功的经验，以及教师和学生的反馈表现出浓厚的兴趣。通过深入研究实施过程，我们可以更好地了解这一模式在实际操作中的可行性和效果。研究"打练合一"教学模式的教育效果是本研究的一个核心焦点。我们期望深入了解学生在学术表现、综合素质和自信心等方面的发展情况，以评估这一模式在学生全面发展中的潜在价值。

我们相信,通过深刻地了解这一新型教学模式,可以为学校武术教育的改革和创新提供有益的经验、教训,为学生提供更为丰富和实用的武术学习体验。

(三) 武术的多维发展

武术在当今社会早已不再仅仅是一项体育活动,而是被广泛认为是一门融合文化、健康和教育的综合性课程。这种认知背后的核心理念是:武术不仅培养身体素质和技能,还蕴含着深刻的文化内涵,能够促进学生的全面发展。本研究的愿景是通过深入了解"打练合一"教学模式对学生学习表现、综合素质和自信心的影响,推动武术教育迈向更为全面的方向。

武术不再仅仅是一门技巧性的体育课程,更被认为可以促进学生在学习方面的表现。通过"打练合一"教学模式,学生会在学习中展现更为积极的态度和获得更好的学习效果。这是因为武术的培养过程中涉及的自律、专注和耐心等素质在学习中同样具有积极影响。"打练合一"教学模式旨在通过融合实际应用和技能训练,培养学生的身体素质、协调性,以及团队合作等综合素质。这种全面的培养方式有望使学生在多个方面取得进步,使其不仅在武术领域有所突破,同时在生活中也能更好地应对各种挑战。武术的学习过程往往伴随着自我的挑战和突破,这有助于培养学生的自信心。通过"打练合一"教学模式,学生更加了解自己的潜力,更有信心面对困难和挑战。这种自信心不仅在武术实战中体现,同时也能渗透到学习和日常生活中。

通过深入研究"打练合一"教学模式对这些方面的影响,我们希望为武术教育提供更科学的教学方法,使学生能够在学习、体育和品德素质等方面实现更为全面的发展。[①] 推动武术教育向更全面、综合的方向发展,有助于培养更加均衡、自信和具备多方面能力的学生,为其未来的发展打下坚实的基础。

(四) 对教学模式优化的迫切需要

面对当今社会的多变性和复杂性,教育模式的灵活性和实用性愈发成为关键。学校武术教育作为一项重要的体育文化活动,需要不断适应社会发展的需要,并为学生提供更具创新性和适应性的教学方案。我们通过研究"打练合一"教学模式,旨在为学校武术教育注入更富有活力和实用性的元素,为学生提供更为有益的教育体验。

---

① 程大力.中国武术文化发展大战略:保护与改革 [J].体育文化导刊,2005 (2):16—20.

当今社会对学生的期望不仅仅局限在理论知识的掌握，更强调实际应用能力。通过"打练合一"教学模式，学生将有机会在实际情境中运用所学的武术技能，培养解决实际问题的能力，更好地适应社会的多变性和复杂性。传统武术教育往往注重技术的独立训练，而"打练合一"教学模式更注重整体素质的培养。这种注重全面发展的教学模式可以帮助学生培养协调性、团队合作精神和创造性思维等综合素质，使其具备应对复杂社会环境的能力。不同学生在武术领域可能有不同的天赋和发展方向，灵活的"打练合一"教学模式可以更好地满足学生的个体差异，让每位学生都能够在适合自己发展的方向上获得成就感和自信心。面对社会的变革，培养学生的创新思维和问题解决能力变得尤为重要。通过"打练合一"教学模式，学生将面对各种挑战，培养解决问题的灵活性和创造性，为未来的职业和社会生活做好充分准备。

通过研究"打练合一"教学模式，我们不仅可以为学校武术教育提供更具创新性和适应性的教学方案，同时也为教育体系的整体发展提供启示。这种灵活、实用的教学模式有望使学生在武术学习中获得更多的乐趣和实际技能，为其终身发展打下坚实的基础。这也符合当代教育追求的目标，即培养具备多方面能力的综合型人才。总体而言，本研究的动机是为了在当前的教育背景下，深入挖掘并理解"打练合一"教学模式对学校武术教育的潜在影响，并为未来武术教育的发展提供实证研究的支持和启示。

第二节 研究目的与问题

在当代社会，学校武术教育面临着日益复杂的挑战和变革，因此，本研究旨在深入探究我国学校武术教育的现状，以及通过引入"打练合一"教学模式对其进行改革的可行性和效果。通过明确研究目的与问题，我们将在理论构建和实证研究中深入挖掘武术教育的潜在价值，为学校教育的创新提供实证支持。

一、研究目的

在当前快速发展的社会背景下，学校武术教育作为一项融合文化、体育和教育的综合性课程，面临的挑战和机遇备受关注。本研究的首要目的在于深入了解我国学校武术教育的现状，旨在揭示传统教学模式的局限性，同时，通过引入"打练合一"教学模式，探讨提升武术教育质量和学生综合素质发展的有效途径。

（一）揭示我国学校武术教育的现状

在进行系统性的调研和分析时，深入了解当前我国学校武术教育的发展现状是研究的首要任务。这一阶段的目标在于全面把握武术教育的背景，理解传统教学模式所面临的挑战，以及所具备的特点和优势，为后续研究提供充分的背景认知。

通过对我国学校武术教育现状的调查，我们将深入了解传统教学模式的核心特点。这包括教学内容的安排、教学方法的选择、课程设置等方面的具体特征。例如，传统教学模式是否侧重于技术性动作的训练，是否强调对武术文化的传承等。在揭示特点的基础上，我们将进一步分析传统教学模式的优势。这包括在学生技能的培养、纪律性的塑造等方面所取得的成就。了解传统教学模式的优势有助于我们评估其在学生教育中的积极影响，并为研究提供一个基准。同时，我们也要深入分析传统教学模式所面临的挑战。这包括学生对传统武术教育兴趣的减弱、教学方法的僵化、无法满足学生多样化需求等问题。通过明确这些挑战，我们可以更好地理解为什么需要寻找新的教学模式。除了关注教学模式本身，还要关注武术教育发展的整体背景，包括社会文化变迁、教育政策调整等方面。[①] 这有助于将研究置于更广泛的社会背景中，理解教育变革的动因和方向。

通过深入了解当前学校武术教育的发展现状，明确传统教学模式的特点、优势和面临的挑战，我们能够为后续"打练合一"教学模式的研究提供全面而深刻的背景认知。这将为研究提供一个坚实的基础，使得我们更有针对性地探讨新教学模式的创新和实施。

（二）探讨"打练合一"教学模式的概念与特点

对"打练合一"教学模式进行详细剖析是为了深入了解其核心概念、特点和理念，以及通过构建理论框架探讨其在理论上的创新性和实用性。这一过程有助于为实证研究提供基础，使研究能够在理论层面上更加深刻地理解这一新型教学模式的内涵。

在剖析"打练合一"教学模式时，首要任务是明确其核心概念。这包括该模式所倡导的"打"和"练"如何相互融合，以及在整个教学过程中的具体涵义。通过定义核心概念，我们能够理解"打练合一"教学模式所强调的教育理念是什么，以及为何这种整合对武术教育具有独特的价值。然后，我们需要深入剖析"打练合一"

[①] 刘玲娜，陈会鹏. 立德树人视阈下武术教育在高校的传承现状与发展对策研究[J]. 武术研究，2023，8（11）：17—19.

教学模式的特点。这包括教学过程中如何实现"打"与"练"的有机结合，是否注重理论和实践相辅相成，以及教师与学生在模式下的互动方式等。通过细致地分析这些特点，我们能够了解该模式在实际教学中的运作机制。

"打练合一"教学模式所体现的教育理念是关键的一环。我们需要探讨该模式的教育目标、学生培养的核心价值观，以及其理念与现代教育理念之间的关联。通过深入探讨该教育理念，我们能够理解"打练合一"教学模式在塑造学生全面发展方面的理论基础。在明确核心概念、特点和理念的基础上，建立"打练合一"教学模式的理论框架是至关重要的一步。这包括将模式置于教育理论体系中，解释其背后的教学原理，并与已有的教育理论进行对比分析。通过构建理论框架，我们能够理清"打练合一"教学模式在教育领域中的位置和作用。

通过对"打练合一"教学模式的详细剖析，我们不仅能够理解其表面现象，更能够深刻地洞察其理论内涵和实用性。这为后续的实证研究提供了理论基础，使得研究能够更加全面和深入地评估这一模式在学校武术教育中的效果。

（三）研究"打练合一"教学模式的实施过程

分析"打练合一"教学模式在实际学校武术教育中的实施情况涉及多个方面，包括教学计划、学生参与与反馈、教师培训等。通过深入了解实施过程中的挑战与成功经验，我们可以更好地评估这一模式的可行性，为进一步推广提供针对性的建议。

分析实施情况时，首先需要考察教学计划的制订过程，包括模式的整体架构、课程内容的安排、教学目标的设定等。深入了解教学计划的设计，可以揭示该模式在理论框架下如何转化为具体的教学实践。了解学生在"打练合一"教学模式下的参与程度和反馈是至关重要的。这包括学生对新模式的接受程度、参与实践的积极性，以及他们在学习表现和综合素质方面的变化。通过学生的参与和反馈，可以评估该模式对学生的实际影响，发现可能存在的问题和可以改进的空间。"打练合一"教学模式的成功实施离不开教师的支持和角色的转变。分析教师培训的情况，包括培训内容、培训方式和教师在实施过程中的角色调整，有助于了解教师对新模式的接受程度和实际运用水平。深入了解教师的培训和角色转变的经验，可以为该模式其他学校的推行提供有益启示。

分析实际实施过程中所面临的挑战是非常重要的一环。这涉及学生学科理论和实践技能的融合难度、教师在新模式下的不适应等问题。深入了解这些挑战，有助于提前预判可能出现的问题，并为实施过程中的调整和改进提供方向。同时，也要关注实施中的成功经验。分析学校在推行"打练合一"教学模式中取得的成就，可

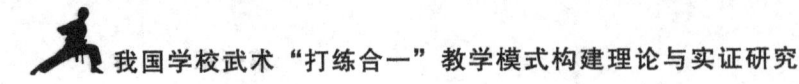

以为其他学校提供可借鉴的经验和做法。这有助于构建一个积极的实施模式，提高新教学模式在不同学校的可行性。通过对实际学校武术教育中"打练合一"教学模式的深入分析，我们能够全面了解该模式在实施过程中的情况，从而更好地评估其可行性，并为模式的进一步推广提供具有针对性的建议。

（四）评估"打练合一"教学模式对学生的影响

通过实证研究方法，可以对"打练合一"教学模式在学生学术表现、综合素质和自信心等方面产生的影响进行客观评估。从学生和教师的角度出发，可以全面了解该模式的效益和可能存在的问题。在实证研究中，首先需要设计清晰的研究框架和方法。这包括确定研究的目标、选择适当的研究设计（如实验、观察、问卷调查等）、制订合理的研究方案和数据收集方式等。确保研究框架具备足够的科学性和可操作性。

首先，通过定量或定性的方法，对学生在"打练合一"教学模式下的学习表现进行客观评估。这包括考察学生成绩的变化、学科知识掌握程度的提高等。通过与传统教学模式的对比，更全面地了解"打练合一"教学模式对学习表现的影响。"打练合一"教学模式强调整体素质的培养，因此，需要综合评估学生在这一模式下的素质发展。这包括对学生协调性、团队合作能力、创新思维等综合素质的定量或定性评估。通过全面的素质评估，揭示该模式对学生综合素质发展的潜在影响。

其次，通过问卷调查、面谈等方式，收集学生在"打练合一"教学模式下自信心变化的数据。了解学生在武术学习过程中的自我感知和自信心的提升程度，从而评估该模式对学生心理素质的影响。

同时，也要从教师的角度出发，评估他们对"打练合一"教学模式的看法。这包括教师对该模式的接受程度、教学过程中的体会、教学效果的主观评价等。从教师的角度能够提供实施过程中更深层次的理解，有助于发现潜在的问题和可改进的空间。通过综合学生和教师的数据，可以全面了解"打练合一"教学模式在学习表现、综合素质和自信心等方面的效益和可能存在的问题。这有助于提炼该模式的实际价值，为教学实践提供科学依据。

通过以上步骤，实证研究将能够为"打练合一"教学模式提供客观、全面的评估。这种综合的研究方法有助于揭示该模式在学生和教师层面的实际效果，为该模式的进一步改进和推广提供有力的支持。

（五）为武术教育的未来发展提供实证支持

通过全面的研究，本研究旨在为学校武术教育的未来提供实证支持和针对性的建议。希望本研究能够为武术教育领域的发展提供理论指导和实践经验，推动学校教育模式的创新和进步。

通过深入的研究，本研究将为学校武术教育提供理论指导。在揭示当前教学模式的优势和不足的基础上，结合"打练合一"教学模式的实证数据，能够为未来武术教育的理论构建提供参考。这包括对教育理念、课程设计、教学方法等方面的理论指导，有助于学校武术教育更好地适应时代需求。

通过深入研究"打练合一"教学模式在实际学校武术教育中的实施情况，可以提炼出成功的实践经验。这些实践经验不仅可以为其他学校提供借鉴，也能为武术教育领域的从业者提供宝贵的经验教训。分享实践经验有助于推动武术教育领域的实践创新，提升整体教学水平。

通过全面的研究，能够识别出"打练合一"教学模式在实际应用中可能遇到的问题和挑战。这有助于提前预判可能出现的困难，并为教育决策者提供解决实际问题的启示。通过解决实际问题，有望推动武术教育模式的改革和进步。结合理论指导、实践经验和问题识别，本研究将为未来的学校武术教育提供针对性的建议。这些建议包括教学模式的调整、教师培训的加强、课程设置的优化等方面，这有助于学校更加有效地开展武术教育，提升学生的综合素质。

通过为武术教育提供实证支持和针对性的建议，本研究不仅服务于武术教育领域，也有助于推动学校教育模式的创新。[1] 武术教育领域的成功实践可以为其他学科和领域提供启示，促进整个学校教育体系的发展和进步。通过这些努力，本研究旨在为学校武术教育提供更为科学、实用的指导，推动其朝着更全面、创新的方向发展。同时，这也将为整个学校教育领域提供可借鉴的经验，促进教育模式的不断创新与进步。

二、研究问题

在这一背景下，我们将关注以下核心问题：学校武术教育现行模式存在哪些挑战和问题？"打练合一"教学模式是否能够为学校武术教育带来实质性的改善和创新？"打练合一"教学模式对学生的学习表现、综合素质和自信心等方面的影响如何评估？通过回答这些问题，我们旨在为学校武术教育的未来发展提供有针对性的建议，促进学校教育模式的更新和进步。

---

[1] 杨青，唐守彦，刘世美. 高校武术公选课思想政治教育探析 [J]. 武术研究，2023，8 (11)：64—67.

我国学校武术"打练合一"教学模式构建理论与实证研究

（一）学校武术教育现行模式的挑战和问题

1. 当前学校武术教育的主要模式存在哪些挑战和问题？

传统武术教学模式通常注重形式和套路的传授，而忽略了与现代教育理念相适应的全面素质培养。这使得学生的学习可能变得单一、刻板，难以适应当今多元化的教育需求。一些传统武术教学可能更加注重技术动作的传承，而忽视了对学科知识和综合素质的培养。现代社会对于综合素质的需求越来越高，而武术教育需要更好地整合这些方面。传统教学模式可能缺乏灵活性，无法满足学生个性化学习的需求。每个学生的学习风格和兴趣可能不同，而传统模式可能无法充分激发学生的学习热情。

在不同学校和地区，武术教学的资源和培训水平存在不均衡的现象。一些学校缺乏足够的专业师资和教学设施，影响了教学质量。武术在一些人的认知中仍停留在传统观念，被视为一种单一的体育运动，而忽略了其蕴含的文化内涵和对综合素质的全面培养。传统武术教学模式不足以满足现代社会对学生的全面要求，包括团队协作、创新思维和社会责任感等方面的培养。

针对这些挑战和问题，研究"打练合一"教学模式的目的在于寻求一种更符合现代教育理念、更全面培养学生素质的武术教育新路径。这一模式的引入有望弥补传统教学模式的不足，使学生在武术学习中更好地了解学科知识和培养综合素质。

2. 传统武术教学模式是否仍然能够满足学生的需求和教育目标？

传统武术教学模式在某些方面仍然具有价值，但在满足学生的全面需求和现代教育目标方面存在一些挑战。传统武术教学模式有助于传承中国丰富的武术文化和技艺。通过传统模式，学生可以学到古老的武术套路、招式和哲学思想，这对于保护和传承武术文化具有重要意义。

传统武术教学注重基本功的打磨和体能的训练，这有助于培养学生的身体素质和技术基础。这些基本功是武术的核心，也为学生今后深入学习打下坚实的基础。传统武术注重的不仅是技巧，还包括武德、品德和自律等方面的培养。通过严格的武道道德学习，学生能够塑造积极向上的品格和价值观。武术运动是一种有益的身体活动，可以帮助学生保持身心健康。传统武术教学通过锻炼提高学生的身体素质，同时也有助于缓解学生的学业压力。

然而，传统武术教学模式也面临一些挑战：传统模式可能偏重技艺传承，而在适应现代教育需求、培养学生的综合素质和创新能力方面存在一定的不足。传统模式过于标准化，无法充分考虑学生的个体差异。现代教育注重个性化教学，希望能更好地满足不同学生的需求。

传统武术教育在社会认知和就业机会方面可能相对有限。现代社会对于学科知识和实用技能的需求更为突出，传统武术教育需要更好地与之结合。传统模式在教育资源和技术支持方面可能受到限制，无法充分利用现代科技手段提升教学效果。

因此，在评估传统武术教学模式时，需要权衡其传承文化的优势和适应现代教育需求的不足。引入新的教学模式，如"打练合一"教学模式，有助于弥补传统模式的不足，更好地满足学生的全面需求和实现现代教育目标。

3. 学校武术教育在面对社会变革和教育趋势时面临哪些困境？

随着社会对教育目标的多元化需求，学校武术教育需要适应的不仅仅是技术和形式传承的要求，还要考虑培养学生的创造力、团队协作能力、沟通能力等综合素质。传统武术教育较难贴合这些多元化的教育目标。

社会变革带来了教育手段的更新，包括现代科技的应用、在线教育等。传统武术教学模式面临难以融入这些新技术手段的困境，从而影响教学效果。随着社会观念的变化，武术被认为不仅仅是一种传统技能，还是一种综合素质的体现。学校武术教育需要更好地适应社会对于武术的认知变化，并与现代职业需求相衔接，使学生更容易在就业市场中找到合适的机会。

现代教育注重个性化和多元文化的培养，而传统武术教学模式较为标准化，无法满足不同学生的个性化学习需求，以及社会对多元文化的认可。学校武术教育面临着师资水平和教学资源的不均衡问题。一些学校可能缺乏专业的武术教师和充足的教学设施，这限制了教学质量的提高和学生的发展。随着体育领域的多元化发展，学生在体育课程的选择上更加多样化。学校武术教育既需要面对其他体育项目的竞争，又需要平衡传统武术文化的传承和创新发展。

面对这些困境，武术教育需要寻求创新和改革，包括引入更灵活的教学模式，充实师资队伍，借助现代科技手段提升教学水平，同时关注学生的个性化需求，更好地融入多元文化，适应社会变革和教育趋势的要求。

（二）"打练合一"教学模式的潜在改善和创新

1. "打练合一"教学模式相对于传统模式的独特之处是什么？

传统武术教学模式更侧重于单一技术的传授，而"打练合一"教学模式强调武

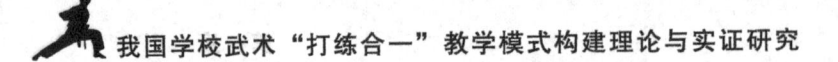

术的综合性,将武术技击、实战应用、基本功训练和武术理论有机地结合起来。[①]可以说,"打练合一"教学模式更注重与现代教育理念的结合,致力于培养学生的创造力、团队协作能力、批判性思维等综合素质。这些特点与传统模式更侧重技术传承和形式练习的特点形成了对比。

该模式鼓励学生个性化学习,允许学生在武术学习中发挥自己的兴趣和特长。相比之下,传统武术教学较为标准化,未必能够满足学生个体差异的需求。"打练合一"教学模式更加强调实战应用,使学生能够将所学技能更直接地应用于实际情境。这有助于提高学生的实际战斗能力,使武术不仅仅停留在套路演练的层面。为了支持"打练合一"教学模式,教学材料和设计需要更具创新性,涵盖技术、战术、健康和文化等多个方面。传统模式的教材更侧重于技术传承,而"打练合一"教学模式则要求更广泛而深入的知识。通过融合实战、技术、理论等多个元素,"打练合一"教学模式增强了学生对课程的参与度。学生在参与实际应用和解决问题的过程中,更容易激发学习兴趣和主动性。

总体而言,"打练合一"教学模式尝试打破传统武术教学模式的界限,将武术视为一门综合性的学科,强调在学习中培养学生多方面的能力。这种独特的理念有望为学生提供更为全面和实用的武术学习体验。

2. "打练合一"教学模式是否能够为学校武术教育带来实质性的改善和创新?

"打练合一"教学模式有潜力为学校武术教育带来实质性的改善和创新。通过将武术技击、实战应用、基本功训练和理论学习有机结合,该模式有助于全面培养学生的身体素质、技术水平和思维能力。这不仅能够提高学生在武术领域的综合素质,也有助于他们在其他领域的发展。

"打练合一"教学模式更注重实战应用和与现代社会需求的结合,使学生能够更好地应对复杂多变的社会环境。这有助于提升武术的实用性,使其更符合当代社会对于综合素质的需求。

该模式鼓励学生根据个人兴趣和能力定制学习计划,提高学生的主动性和参与度。同时,引入"打练合一"教学模式还能促使教师采用更创新的教学方法,如问题解决、案例分析等。这种创新的教学方法有望提升学生的学习体验感,使他们更好地理解和应用所学的知识。

由于该模式强调实战应用,学生可能需要在团队中协作,模拟实际战斗情境,

[①] 柴广新. 义务教育阶段武术"打练合一"教学模式的理论构建与实证研究 [D]. 华东师范大学, 2021.

这将有助于培养学生的团队协作精神，提高他们在协同工作中的能力。通过注重武术的文化内涵，该模式可以帮助学生更好地理解和尊重多元文化。这对于培养学生的跨文化沟通能力和理解能力具有积极意义。引入"打练合一"教学模式可能增加学科的吸引力，使更多学生对武术教育产生兴趣。这对于推动武术教育的发展和传承具有积极的社会影响。

然而，要实现这些潜在的改善和创新，需要教育机构给予充分支持，培训合格的教师团队，并建立科学有效的教学评估体系。同时，与传统教学模式相比，"打练合一"教学模式在实践中还需要不断地调整和完善。

3. 在综合素质培养和学科知识传授方面，"打练合一"教学模式能否更好地满足学生的需求？

"打练合一"教学模式在综合素质培养和学科知识传授方面具有潜在的优势，有助于更好地满足学生的需求。通过综合性的培训，学生不仅能够提升技术水平，还能够培养团队协作能力、创新思维能力、沟通能力等多方面的素质。

由于"打练合一"教学模式注重实战应用，使学生能够将所学技能更直接地应用于实际情境。这不仅提高了武术的实用性，也培养了学生在真实环境下解决问题的能力，符合综合素质培养的要求。该模式将学科知识与技能有机结合，使学生在实践中理解和应用所学的理论，有助于加深学生对武术学科的理解。"打练合一"教学模式鼓励个性化学习，允许学生根据兴趣和能力选择更适合自己的学习路径。这有助于满足不同学生的需求，提高学习的个性化程度。

学生需要在复杂的情境中灵活运用所学知识，从而提高解决问题的能力。而该模式通过强调武术的文化内涵，能够培养学生对于传统文化的理解和尊重，这对于全面素质的培养具有积极意义。"打练合一"教学模式更注重应对现代社会的需求，使学生更好地适应复杂多变的社会环境。这可以提高学生的综合素质，使其在不同领域都具备竞争力。综合来看，该模式在综合素质培养和学科知识传授方面的整合性设计有助于更好地满足学生的需求，使其在武术学科中取得更为全面和深入的发展。

（三）"打练合一"教学模式对学生学习表现、综合素质和自信心等方面的影响评估

1. "打练合一"教学模式如何影响学生的学习表现？

通过"打练合一"教学模式，学生全面素质的提升可以帮助其在学术领域展现出更为综合和深刻的认知。这不仅有助于提高学生的实际战斗能力，还培养了学生解决问题、分析情境的能力，对于学习表现的提升具有积极作用。

"打练合一"教学模式鼓励学生根据兴趣和能力选择学习路径，个性化的学习体验使学生更加投入学习。这有助于激发学习兴趣，提高学生对学习内容的主动参与程度。引入实战应用和多元素结合的"打练合一"教学模式，可以培养学生的创新思维能力。在解决复杂的战术问题和在实际应用时灵活运用知识的过程中，学生逐渐培养了创新性思考和解决问题的能力。

通过强调武术的文化内涵，学生能更深入地理解传统文化，这有助于提高学生的人文素养。良好的人文素养对学习表现有积极的促进作用。[①]这对于学习研究中的团队合作，以及学习交流都具有促进作用。通过"打练合一"教学模式取得实际成就，能提高学生的自信心和学习动机。这种积极的情感体验可以帮助学生更积极地投入到学习中。

需要注意：该模式产生的实际影响可能受到多种因素的综合影响，包括教学质量、学生的个体差异、学校支持等。因此，在实施该模式时，需要综合考虑各方面的因素，以最大程度促进学生的学习表现。

2. 在"打练合一"教学模式下，学生的综合素质有何变化？

学生将通过实战应用，更全面地理解和掌握武术技术。这可以提高学生在技术方面的水平，使其在武术领域更具竞争力。由于"打练合一"教学模式注重实战应用和全面素质培养，学生将在实践中不断锻炼身体，提高身体素质和健康水平。该模式强调武术技击、实战应用、基本功训练和武术理论的有机结合，有助于全面培养学生的多方面能力，包括团队协作能力、创新思维能力、沟通协调能力等。

通过强调实战应用，学生将学到如何将所学技能直接应用于实际情境。这不仅能够提高学生在实际应用中解决问题的能力，增强学生的实际应用能力，还能够培养学生的创新思维，使学生在面对复杂的战术问题时可以灵活运用所学知识，从而获得创新性思考和解决问题的能力。

该模式鼓励个性化学习，允许学生根据个人兴趣和能力选择学习路径。这使学生能够更有针对性地发展自己感兴趣的领域，提高个性化学习体验。此外，通过参与实际应用和解决问题的过程，取得实际成就，会提高学生的自信心。这对于学生在学习和生活中更积极主动地投入有积极的影响。通过"打练合一"教学模式，学生有望在技术水平、身体素质、综合素质等方面取得全面的发展，使其在学习和实

---

① 张依格. 体育强省：武当武术的当代发展及价值取向[J]. 武术研究，2023，8（11）：24—26+42.

际应用中更具备综合性的能力。

3. 学生在自信心和自我发展方面在何种程度上受到影响？

学生通过参与实际应用和解决问题的过程，在武术领域取得实际成就。这种实际成就的获得有助于提高学生的自信心，使他们对自己的能力更加有信心。由于"打练合一"教学模式强调实战应用，学生可能面临各种挑战。成功地应对这些挑战将为学生提供积极的成功体验，增强其面对困难时的自信心，保持积极的态度。

通过团队合作，学生在模拟实战中培养了团队协作能力和社交能力。成功地与他人协同工作会提升学生的自信心，并促使他们更积极地参与团队活动。引入实战应用和多元素结合的模式有助于培养学生的创新思维能力。[1] 学生在解决复杂的战术问题时需要灵活运用所学知识，这样的思维过程会促使他们更有信心地应对新问题和新情境。学生在模拟实战和实际应用中，可能经历一系列的个人成长过程。这种成长经历能够培养学生的自我认知，使其更加明确自己的优势和改进空间。通过强调武术的文化内涵，学生更深入地理解传统文化。这有助于培养学生对自身文化传统的自信心，同时也促使他们更尊重其他文化。

"打练合一"教学模式通过全面素质培养、个性化学习、实际应用和团队协作等方式，为学生提供了丰富的学习体验，有望在自信心和自我发展方面产生积极的影响。这些体验和培养的能力将为学生未来的学习和职业发展打下坚实的基础。通过对这些核心问题的深入研究和回答，本研究旨在为武术教育的未来发展提供针对性的建议。通过理解现行模式的挑战和问题，探讨"打练合一"教学模式的潜在改善和创新，研究将为武术教育领域的决策者和从业者提供指导。同时，通过"打练合一"教育模式对学生学习表现、综合素质和自信心等方面的影响进行评估，研究将为实践中的改进和未来发展提供实证支持。这样的深入研究有助于推动学校武术教育模式的更新和进步，以更好地适应当今社会的需求和教育理念。

第三节　研究方法与数据收集

在本书的研究中，我们采用了系统性的研究方法和精心设计的数据收集策略，以深入探究我国学校武术"打练合一"教学模式的构建理论和实证效果。通过科学

---

[1] 田杰；周嵩山．新时代学校武术教学的问题、路径与策略［J］．武术研究，2023，8（11）：55—59.

合理的方法论,我们致力于获取全面而可靠的研究数据,支持对这一创新教学模式的深入理解。

一、研究方法

在本研究中,我们借助多层次的研究方法,旨在全面而深入地剖析我国学校武术"打练合一"教学模式的构建理论与实证研究。通过结合定性和定量研究手段,旨在深刻理解这一教学模式的内在机制,以及其对学生学习表现和综合素质的实际影响。

(一)文献综述

本研究进行了广泛而深入的文献综述,对国内外关于武术教育、教学模式创新和"打练合一"教学模式的相关研究进行了系统梳理。这为研究框架的建立和问题的提出提供了理论支持,并确保研究能够紧密联系到已有的学术成果。

通过对国内外武术教育研究的梳理,我们能够了解武术教育的发展历程、主要研究方向,以及目前存在的问题和挑战。这有助于将本研究置于更广阔的背景之中,理解武术教育的整体格局。文献综述还可以聚焦于教学模式创新的理论框架,包括不同教学模式的优缺点、应用领域,以及在教育中的效果。通过对比分析,我们可以更好地把握"打练合一"教学模式的创新之处,为研究框架的建立提供理论指导。

对"打练合一"教学模式的国内外先前研究进行综述,可以揭示该模式在实际教学中的运用情况、取得的成果,以及可能存在的问题。这有助于我们避免重复已有研究,同时吸取其他研究的经验和教训。通过文献综述,我们可以更明确地定位研究的问题和目标。了解已有研究在"打练合一"教学模式方面的探讨,有助于我们找到研究的切入点和亮点,确保研究的独特性和价值。文献综述也为研究方法的选择提供了参考。通过了解其他类似研究所采用的方法,我们可以更好地选择适用于本研究的研究方法,确保研究的科学性和可行性。

综合而言,文献综述在本研究中扮演了理论基石的角色,为研究的后续步骤提供了有力的支持。通过对武术教育和"打练合一"教学模式的深入了解,我们能够更有针对性地构建研究框架,提出明确的研究问题,并选择适合的研究方法,从而为整个研究奠定坚实的理论基础。

(二)定性研究方法

在定性研究方面,本研究采用了深度访谈和问卷调查等方法。通过与学校武术教师、学生与教育专家的深入交流，收集有关"打练合一"教学模式的实施情况、教学经验和参与者的观点。这有助于研究者深入了解教学过程中的细节、模式的优势与挑战，以及参与者的主观感受。

1. 深度访谈

深度访谈是一种有效的研究方法，通过与教师和学生进行面对面的深入交流，可以获取他们在实施"打练合一"教学模式时的亲身经历和深刻看法。通过深度访谈，研究者可以更全面、深入地了解教师和学生在实施"打练合一"教学模式中所面临的挑战、取得的成就，以及他们的亲身体验。这有助于研究者增进对该教学模式的理解，捕捉到在量化数据中可能被忽略的丰富信息。

深度访谈使研究者能够深入探讨"打练合一"教学模式的实施过程，了解教师如何设计和组织课程，以及学生如何参与和反馈。通过深入了解实施的细节，研究者可以更具体地把握该模式的运作机制。深度访谈有助于研究者捕捉教师和学生的主观体验和情感反馈。了解他们在实施"打练合一"教学模式中的情感体验，包括喜悦、挑战、困惑等，有助于研究者构建更为全面的研究图景。

通过深入交流，教师和学生能够更详细地描述实施"打练合一"教学模式中可能遇到的问题和挑战。这有助于研究者深刻理解存在的困难，并在后续分析中提出更切实可行的建议。深度访谈允许每个教师和学生提供独特的个体化视角。不同参与者可能在实施过程中有不同的体验和看法，这有助于构建一个更为丰富和多元的研究视角。通过深度访谈，研究者能够更深入地了解"打练合一"教学模式在实际教学中的运作情况，为研究提供丰富的质性数据，丰富了对该教学模式的全面认识。

2. 问卷调查

设计问卷调查是一种常用的研究方法，特别适用于收集更大范围内学生群体的意见和反馈。通过问卷调查，研究者可以量化地收集关于"打练合一"教学模式的多个方面的数据，包括教学满意度、学习成绩、自信心等。

通过设计问题可了解学生对"打练合一"教学模式的整体满意度，包括对教学过程、课程设计、教材等方面的评价；可收集学生在"打练合一"教学模式下的学习成绩，以便与传统教学模式进行比较，评估该模式对学术表现的影响；可探讨学生在"打练合一"教学模式下对自身学习能力和综合素质发展的自信程度。

问卷中应设计一些开放性问题，让学生有机会详细描述他们在"打练合一"教学模式下的学习体验，从而获取更为丰富的信息；使用量表来度量教学满意度、自信心等变量，确保数据更易于量化和统计分析。同时，应保障问卷的匿名性，鼓励学生真实反映个人看法，提高问卷数据的可信度。

在确保代表性的前提下，随机或系统地确定参与问卷调查的学生样本，以保证结果的普适性。

将问卷分发给选定的学生群体，可以通过线上平台或纸质形式进行，确保问卷及时、全面地完成。在问卷分发前，提供清晰的说明，让学生了解问卷的目的和重要性，增加参与度。

收集问卷反馈后，对数据进行整理和清理，确保数据的准确性和完整性。利用统计软件对问卷数据进行分析，获取关键指标的平均值、标准差等。

将"打练合一"教学模式下的学习成绩和自信心等数据与传统教学模式进行比较，寻找差异和趋势。结合开放性问题的回答，进行主观性分析，深入了解学生在"打练合一"教学模式下的感受和看法。

问卷调查是一种有效的数据收集方法，通过大量学生的参与，能够提供全面而客观的数据，为对"打练合一"教学模式的影响进行定量分析提供了有力的支持。

（三）定量研究方法

在定量研究方面，本研究将收集关于学生学习表现、综合素质等方面的定量数据，以量化地评估"打练合一"教学模式的实际效果。

1. 学习成绩数据

收集学生在"打练合一"教学模式下的学习成绩，比较其与传统教学模式下的学习成绩，评估该模式对学业表现的影响。通过比较学生在"打练合一"教学模式下的学习成绩，旨在量化这一新教学模式对学业表现的实际影响。通过与传统教学模式的对比，验证"打练合一"教学模式是否能够在学术层面上带来实质性的改善，从而为该模式的可持续性提供支持。

收集学生在"打练合一"教学模式下的各学科成绩，包括语文、数学、英语等，以全面了解该模式对不同学科的影响。将学科成绩综合起来，计算学生的总体成绩，获得更宏观的评估。

选择参与"打练合一"教学模式和传统教学模式的两个相似的学生群体，确保比较组在学习水平、背景等方面相对均衡。

在学期初，收集学生在"打练合一"教学模式和传统教学模式开始时的学科成绩。在"打练合一"教学模式实施的过程中，定期收集学生的学科成绩，以追踪学业表现的动态变化。在学期结束时，收集学生在"打练合一"教学模式和传统教学模式下的最终学科成绩。利用统计方法对两组学生成绩数据进行比较分析，包括均值比较、标准差分析等，以确定是否存在显著差异。

通过统计分析确定学生在"打练合一"教学模式下的学科成绩是否显著优于传统教学模式。分析不同学科间的差异，找出"打练合一"教学模式在哪些学科中表现得更为突出。考虑可能影响学生成绩的因素，如学生参与度、教师培训等，更全面地理解成绩差异的原因。

通过比较学科成绩，为"打练合一"教学模式的有效性提供直观的证据，为教学改革提供有力的支持。若发现某些学科在"打练合一"教学模式下表现出色，可以借此指导该模式的调整和优化，进一步提升教学效果。将比较成绩的结果向教育管理者、教师、家长等利益相关者汇报，促进其对"打练合一"教学模式的认同和推广。通过比较学科成绩，研究者可以客观地评估"打练合一"教学模式对学业表现的影响，为该模式在学校教育中的推广提供实证支持。

2. 综合素质评价

综合素质评价是一种多维度、全面性的评估方法，通过对学生在"打练合一"教学模式下的全面素质发展进行量化评估，可以更全面、深入地了解该教学模式对学生的影响。利用综合素质评价体系，评估学生在"打练合一"教学模式下的全面素质发展，包括团队协作能力、创新思维能力、实际应用能力等方面。

通过定量评估学生在多个素质维度上的表现，验证"打练合一"教学模式是否能够全面促进学生的素质发展。例如，评估学生在协作中的贡献、沟通和领导能力；量化学生在问题解决、创意产出等方面的创新能力；评估学生将学到的理论知识应用于实际问题的能力；考察学生将不同学科知识进行综合运用的能力。综合以上各项评价，给出学生在"打练合一"教学模式下的综合素质得分。

制定清晰的综合素质评价体系，明确各个评价维度的权重和指标。在学期初，对学生进行一次综合素质评估，建立基准。在"打练合一"教学模式实施的过程中，定期对学生进行综合素质评估，追踪其素质发展情况。在学期结束时，进行一次综合素质评估，与学期初的基准进行比较，得出学生在不同维度上的进步。利用统计方法对综合素质评价数据进行分析，找出"打练合一"教学模式对不同素质维度的影响。

根据综合素质评价的结果，发现"打练合一"教学模式可能在哪些方面有改进空间，为模式的优化提供指导；向教育管理者和教师提供针对性的改革建议，促进综合素质教育的发展；向家长沟通学生的全面素质发展情况，促进家校合作，共同关注学生的全面成长。通过对综合素质的量化评估，为"打练合一"教学模式在学校的长期实施提供实证支持。通过综合素质评价，研究者可以深入了解

"打练合一"教学模式对学生全面素质的影响，为教学改革提供具体、可操作的数据和建议。

（四）数据分析

综合分析定量和定性数据是深入理解"打练合一"教学模式效果的关键步骤。通过适当的统计方法和质性分析技术，研究者能够从多个角度全面地评估该模式的影响，发现潜在的成功因素和可改进的空间。

利用平均值、标准差等指标对定量数据进行描述性统计，描绘学生在学习表现、综合素质等方面的整体水平。使用 t 检验或方差分析等方法，比较"打练合一"教学模式和传统教学模式下的学习成绩、综合素质等差异，以确定是否存在显著差异。分析不同变量之间的相关性，如"打练合一"教学满意度与学生综合素质得分之间的相关关系，以发现潜在的因果关系。

对面对面访谈和开放性问卷调查等质性数据进行主题分析，提取出关键主题和观点。对教学反馈、学生观点等质性数据进行内容分析，深入了解该模式在实际应用中的体验和感受。

通过质性数据分析，识别"打练合一"教学模式成功的案例和可能的问题点，为改进提供启示。

将定量和定性数据整合，确保综合分析能够全面反映该模式所取得的效果。通过比较定量和定性数据的一致性，验证不同数据源之间的一致性和可靠性。结合统计结果和质性分析，凸显"打练合一"教学模式的优势和取得的成就，发现可能存在的问题和挑战，为进一步改进提供指导。尝试分析该模式变量之间的因果关系，深入理解不同因素对模式效果的影响。

根据综合分析的结果，制订具体的改进计划，优化"打练合一"教学模式的设计和实施。将成功的经验推广到其他学校或课程中，促进该模式的更广泛应用。设计持续的监测机制，通过定期的评估，确保"打练合一"教学模式的长期效果。将综合分析的结果以报告、研讨会等形式分享给学校管理者、教师和其他利益相关者，促进对该模式的认知和支持。通过综合分析，研究者能够更全面地理解"打练合一"教学模式的效果，同时为模式的成功推广和改进提供实质性的依据和指导。

（五）实证研究

本研究采用实证研究方法，以客观的数据和科学的分析，深入评估"打练合一"教学模式对学生学习表现和综合素质的实际影响。实证研究方法有助于建立可靠的因果关系,提供有力的证据来支持或调整现有的教学模式。

通过比较"打练合一"教学模式和传统教学模式下的学生成绩数据,客观评估该教学模式对学术表现的影响。运用综合素质评价体系,对学生在"打练合一"教学模式下的团队协作、创新思维、实际应用能力等方面进行量化评估,全面了解该教学模式对综合素质的影响。收集学生在"打练合一"教学模式和传统教学模式下的学科成绩,使用描述性统计、差异分析等方法比较两者差异。运用问卷调查和面对面访谈,收集学生和教师对"打练合一"教学模式下综合素质的主观评价,使用量化分析方法提炼关键信息。

通过半结构化访谈,深入了解学生和教师对"打练合一"教学模式的体验、感受和看法。设计开放性问题,收集学生对该教学模式的反馈,通过内容分析方法提炼出重要的主题和观点。

使用统计软件进行学习表现和综合素质的定量数据分析,包括描述性统计、相关分析、差异分析等。运用质性数据分析软件,对访谈和问卷数据进行主题分析和内容分析,挖掘其中深层次的信息。将定量和定性分析的结果进行综合,寻找交叉验证的点,深入理解"打练合一"教学模式的全面效果。

根据实证研究结果提出具体的改进建议,优化"打练合一"教学模式的设计和实施。

将实证研究的结果与学校管理者、教师分享,提供有力的支持和指导,鼓励更广泛地采用这一教学模式。将研究成果发表在学术期刊上,为学术界提供对"打练合一"教学模式实证研究的具体案例。

通过实证研究,本研究旨在为"打练合一"教学模式的发展提供有力的支持和指导,同时将实证结果分享给学校管理者、教师和学术界,促进对这一教学模式更深入的理解和推广。

通过这样综合的研究方法,本书旨在为我国学校武术"打练合一"教学模式的理论构建和实践推广提供深入、全面的研究支持。

二、数据收集

本研究通过精心设计的数据收集过程,旨在全面深入地了解"打练合一"教学模式的实施效果。采用多元化的数据来源和方法,追踪学生的学习表现、综合素质发展,以及教师和学生对这一模式的观感和反馈。

(一) 学习表现数据收集

从参与研究的学校学生档案和成绩系统中获取学习表现数据，包括学科成绩、考试表现等，涵盖了"打练合一"教学模式实施前和实施后的多个学期。我们的研究从参与研究的学校学生档案和成绩系统中获取学习表现数据。这一数据来源被认为是高度可信和客观的，通过学校记录系统可获得学科成绩、考试表现等相关信息。

我们将搜集涵盖广泛学科范围的成绩数据，以确保全面了解学生在"打练合一"教学模式实施前后的学习表现。这包括语文、数学、体育等多个学科。数据涵盖了"打练合一"教学模式实施前和实施后的多个学期。这一设计旨在捕捉教学模式推行后的变化趋势，并为研究提供更为全面和长期的视角。在实施"打练合一"教学模式之前的学期数据将作为基准，用于与实施后的数据进行比较。这有助于准确评估该模式对学习表现的实际影响。实施"打练合一"教学模式后的学期数据将提供反映新教学模式效果的信息。通过比较这两个时段的学习表现数据，我们能够深入洞察教学模式变革对学生学科成绩和整体表现的潜在影响。通过以上数据的详细搜集和比较分析，我们将能够客观评估"打练合一"教学模式对学习表现的实质性影响，为研究提供有力的学术支持。

(二) 综合素质评价数据收集

采用面对面访谈和问卷调查，包括关于团队协作能力、创新思维能力、实际应用能力等方面的问题，了解教师对学生综合素质的观察和评价。在每个学期开始和结束时进行，以捕捉学期内的变化。

我们选择了参与"打练合一"教学模式的学生和教师作为访谈对象。针对学生，我们设计了涵盖团队协作能力、创新思维能力、实际应用能力等方面的开放性问题。这些问题旨在引导学生深入分享他们在该教学模式下的学习经验和感受。访谈过程将被记录下来，以确保后续的数据分析具有准确性和完整性。我们将学生作为主要的问卷调查对象，以获取大范围的主观反馈。

问卷设计包括一系列关于团队协作能力、创新思维能力、实际应用能力等方面的问题。这些问题将根据综合素质评价的目标进行精心设计，确保涵盖广泛的素质发展领域。为捕捉学期内的变化和发展趋势，我们选择在每个学期开始和结束时进行综合素质评价数据的采集。这有助于追踪学生在教学周期内的发展轨迹，并识别"打练合一"教学模式可能产生的长期影响。

通过这样全面而定期的数据采集，我们将能够深入了解学生在综合素质方面的发展情况，为"打练合一"教学模式取得的效果提供更全面的理解和评估。这一综合素质评价将为教育者和研究者提供有力的指导，优化教学模式的设计和实施。

（三）学生和教师访谈数据收集

针对参与"打练合一"教学模式的学生和教师进行深度访谈。以开放性问题为主，探讨他们对教学模式的体验、意见和建议。记录访谈过程，以确保准确的数据采集。

1. 学生访谈问题

（1）请分享在"打练合一"教学模式下的学习体验。
（2）你认为这种教学方式对你的学习发展和综合素质有何影响？
（3）能否谈谈你在团队协作中的体验，以及这对你的学习产生的影响？
（4）是否遇到过挑战？如何克服的？有什么希望改进的地方？

2. 教师访谈问题

（1）你在"打练合一"教学模式下的教学中遇到了什么挑战？
（2）你觉得这种教学模式对学生的学习表现和综合素质发展有何积极影响？
（3）在教学过程中，你发现学生在哪些方面取得了显著进步？
（4）你是否收到过学生或家长的反馈，有哪些值得分享的经验？
（5）访谈过程将以录音的形式保存，确保准确捕捉每位参与者的回答。同时，研究团队将进行详细的笔记记录，包括情感反馈、具体例子和深层次的见解。访谈过程将保持开放性，允许参与者自由表达他们的观点。这有助于收集真实、深入的数据，为后续分析提供更全面的素材。针对学生和教师的访谈将在每个学期开始和结束时进行，以捕捉整个学期内的体验变化和发展趋势。

通过这样深入而细致的面对面深度访谈，旨在挖掘参与者真实的、深层次的体验，以及他们对"打练合一"教学模式的看法和建议。这样的数据将为我们提供独特的、深入的理解，有助于揭示教学模式的实际效果和可能的改进点。

（四）教学活动观察和记录

观察"打练合一"教学模式的实际课堂教学活动，包括课程内容、学生参与情况、教师互动等。研究团队成员和专业观察员。通过观察"打练合一"教学模式的实际课堂，深入了解课程内容、学生参与情况，以及教师互动等方面的实际情况。

观察课程的整体设计，包括教学目标、教学内容、课程结构等。着重关注"打练合一"教学模式在具体课程中的实际应用，包括武术技巧的教学和理论知识的传授。

观察学生在课堂中的个体参与情况，包括对教学内容的理解、学习动机等；关注学生在团队合作中的角色扮演、沟通和协作情况；观察教师的指导方式，包括对学生技能的引导和激励；着眼于教师与学生之间的互动，包括提问、回答、反馈等；研究团队的成员将参与实际课堂观察，确保研究目标得以实现；可以邀请具备武术教育或体育教育领域专业背景的专业观察员，提供更专业的观察和评价。

观察将在多个学期内进行，确保捕捉到模式在不同时间点的表现。观察不仅限于开始阶段，还会定期进行，以了解在课程周期内的演变。观察团队将详细记录课堂上的重要事件、学生互动、教学方法等，以便后续分析。可以进行课堂录音和摄像，以提供更为全面和客观的数据。通过这样系统化和多维度的实际课堂观察，我们旨在获得"打练合一"教学模式在实践中的真实呈现，为后续研究提供丰富而具体的数据，以更好地了解该教学模式的实际效果和优势。

（五）学生参与和反馈数据收集

定期收集学生对"打练合一"教学模式的反馈，记录学生参与讨论的情况，以了解实施过程中的动态变化和学生的感受；记录学生在课堂讨论中的参与程度，包括提问、回答问题、分享观点等；观察学生在小组中的协作情况，包括沟通方式、分工合作等。

记录小组讨论的结果，包括小组对教学内容的理解、提出的问题等，收集小组成员对"打练合一"教学模式的意见和建议。在每个学期中定期收集学生的反馈，以覆盖整个教学周期。在特定教学事件后，如新的教学模块、团队项目等，加强反馈的收集。将学生参与讨论和小组反馈的情况进行书面记录，以确保细致入微。可使用数字化工具，如在线调查问卷、学习平台的反馈板块等，便于数据整理和分析。对学生的反馈进行系统性分析，了解学生在"打练合一"教学模式下的感受和期望。在学期结束时，对整个学期的反馈数据进行总结，寻找该模式实施中的亮点和可改进的空间。通过这样定期而系统的学生反馈记录，我们能够深入了解学生在该教学模式中的体验和观点，为模式的调整和优化提供及时的参考和指导。通过这样全面的数据收集方式，研究者可以获取多角度、多层次的信息，深入了解"打练合一"教学模式的实施过程和效果，为研究提供可靠的数据支持。

第二章 武术教育与"打练合一"教学模式

武术教育一直以来都是我国体育教育中不可或缺的一部分，它不仅仅是一项体育活动，更被视为一门融合文化、健康和教育的综合性课程。然而，随着社会的变革和教育理念的演变，传统的武术教学模式逐渐面临挑战。在这一背景下，引入"打练合一"教学模式被认为是一种创新，有望为学生提供更全面的教育体验。

第一节 中国武术教育的历史与传统

中国武术教育源远流长，承载着丰富的历史与文化传统。作为中国传统文化的瑰宝之一，武术不仅是一项身体技能的传承，更是一门集哲学、伦理、艺术和实战技能于一身的综合性学科。在漫长的历史长河中，武术教育一直贯穿于中国社会的各个方面，为塑造国民的素质和精神风貌贡献了卓越的力量。

一、古代武术的起源与发展

中国武术的历史可以追溯到古代。早期的武术主要体现在军事训练和战争技能中，通过武术技能（简称武技）的传承，士人们在古代的战争中起到了关键的作用。武技成为武士和将领必备的素质，同时也在平民百姓中传承，用于自卫和生存。

古代的武术起源于军事需求。在战争时期，武术技能是士人和战士们必备的素质。通过武术的传承和训练，他们能够在战场上展现出卓越的战斗力。武士们的武艺对保卫国家和民族的安全发挥了关键作用。除了军事领域，武术也在平民百姓中广泛传承。这是因为在古代社会，战乱频繁，自卫的需求使得平民对武术的学习成为一种必要。武术成为了一种生存技能，帮助平民在危险的环境中保护自己和家人。

随着时间的推移，武术不仅仅是一种战争技能，还渗透到文化和道德体系中。

武术的练习逐渐被视为一种修身养性、强身健体的方式。[①]武德，即武术中的道德规范和精神境界，开始与武术相结合，使其不仅具有实战技能，更有涵养身心的功效。武术的传承在不同地区形成了各具特色的流派，各地的武术流派在技艺和风格上存在差异，反映了当地的文化传统和地方特色。这种地方性的传承为武术的多样性和丰富性贡献了力量。

二、儒家思想与武德相结合

在儒家思想的影响下，武术逐渐融入了道德和礼仪的范畴。儒家注重君子"修身、齐家、治国、平天下"的理念，武德成为士人修养的一部分。武士不仅要有高强的武技，还应具备高尚的品德和忠君爱国的情怀。

儒家思想强调人的修养和道德品质的培养。在这一思想体系中，武术不再仅仅是一种技能，而成为士人修身养性的一部分。武德成为儒家思想中君子修养的一环，强调不仅要在武技上有所造诣，更要在品德上具备高尚的境界。儒家强调君子修身，通过对武德的培养使人在个体修养上达到更高的层次。修身的目的在于使个体具备高尚的品德，成为社会的楷模。齐家、治国和平天下是儒家追求的目标，而武术在其中扮演了塑造人格、培养忠君爱国情怀的角色。

在儒家思想的影响下，武士阶层对于忠君爱国的要求更为突出。武士不仅要有高强的武技，还要具备高尚的道德情操。[②]武士不仅是战士，更是君王身边的谋士，他们的行为举止、品德修养都受到了儒家伦理的深刻熏陶。礼仪在儒家思想中占有重要地位，而武术也逐渐成为礼仪的一部分。武士通过规范的武术动作展示对上级的尊敬和对敌人的威慑，将武术技能融入了礼仪之中，强调了武德与仪式的统一。儒家思想对武术的影响不仅体现在古代，也延续至今。现代武术界仍强调武德的培养，将武术视为一种促进个体全面发展的工具，更加注重学习者的品德修养和社会责任感。在儒家思想的指导下，武术不再只是一门技术，更是一种体现人格和品德的修炼途径。武德的融入使得武术在中国传统文化中既有实用性，又具备了深厚的道德内涵。

三、道家哲学与内外兼修

道家思想注重内在修养和身心和谐。在武术中，这一理念体现为内外兼修，即

---

① 杨珊珊.古代中华武术精神［J］.武术研究，2020，5（10）：33—36.
② 杨欢，吴虎祥，郭歌.突破与创新：学校武术教育的历史回溯与展望［J］.武术研究，2023，8（11）：89—92.

注重内功修炼，如气功、内家拳等，同时培养外在的武技，如拳法、剑术等。武术从此不再仅仅是外在的技击，更是一种强调身心合一、以柔克刚的哲学理念。

道家思想中强调身心合一，武术在这一思想的指导下，通过内外兼修实现了身体和心灵的统一。武术者在修炼过程中注重心境的宁静与专注，通过身体动作的流畅和技击的精准来达到身心和谐的状态。这种身心合一的实践有助于提升武者的整体素质。

道家思想中强调以柔克刚，即通过柔软的力量来应对强大的对手。这一理念在武术中得到了深刻体现，如柔道、太极拳等，强调利用对手的力量来制胜。这种理念不仅影响了武术技击的风格，也在思想层面上强调了以和为贵的哲学思想。道家思想注重保养生命和追求长寿，这一理念也影响了武术的发展。武术被视为一种养生的方式，武术者通过内功修炼和外在技击来增强身体的健康和活力。这种综合性的修炼有助于促进身心健康的全面发展。现代武术在发展中仍保留了道家思想的影响，强调武德修养和身心的统一。一些武术流派和功法仍强调内功的培养和身心的协调，延续了道家思想在武术传承中的深远影响。在道家思想的引导下，武术不仅仅是一种外在的技术，更成了一门注重内在修养和身心和谐的哲学实践。这种综合性的修炼使得武术在文化传承和身心健康方面都具有重要的意义。

四、传统流派与名家传承

武术的发展逐渐形成了不同的流派，各具特色，如太极拳、少林拳、八卦掌等流派在不同地区得到传承和发展。名家如张三丰、郭子仪等，对武术的传承和发扬贡献良多，形成了独特的武学传统。

太极拳是一种源于中国传统哲学的武术形式，强调以柔克刚、以静制动。其独特的动作和缓慢的节奏不仅适合身体锻炼，更注重身心合一的内在修养。太极拳的练习有助于提升身体灵活性、平衡性，并强调了对抗压力和保持内心宁静的重要性。少林拳以其刚健有力的动作和注重实战的特点而著称。少林寺作为佛教寺庙，将武术与佛学相结合，形成了少林武术的独特传统。少林拳的练习不仅注重培养身体力量和敏捷性，更注重品德修养和对抗恶势力的信仰。八卦掌是一种以循环八卦的原理为基础的武术流派，特点是融合了旋转和变换的动作，强调迅速的转动和灵活的身法。八卦掌注重身体的变化和内劲的运用，既适合防身，又具有强烈的艺术性。

张三丰是道家文化中的重要人物，也是太极拳的创始人之一。他被传为武学宗师和道家学派的高人，对太极拳的发展和传承产生了深远的影响。他的武学哲学和对内在力量的理解在太极拳的传统中得以体现。郭子仪是中国历史上杰出的将领之一，也是武学名家。他在战场上表现出色，同时也对兵法和武术有深入研究。他的军事才能和武学造诣为他赢得了卓越的声誉，成为中国武术传统中不可忽视的重要人物。

这些流派和名家的贡献使得武术在不同方向上得到了丰富的发展，形成了多元化的传统。各个流派的独特性和丰富性共同构成了中国武术文化的精髓，为后来者提供了丰富的学术资源和实践资源。

五、武术与文化的融合

武术在中国文化中的地位愈发凸显。武术成为表演艺术的一部分，武术表演和武打戏在传统戏曲、文学作品中得以广泛体现。武术的身体语言和艺术美感渗透到中国文学、戏曲、绘画、雕塑等领域。

武术的身体语言和技艺也经常在文学作品中得到体现。许多文学作品中的英雄角色常常具备高强的武技，武侠小说更是将武功和江湖成为故事的核心。武术的形象成为文学作品中常见的元素，通过文字的描绘呈现出武术的魅力。

武术在中国传统戏曲中扮演着重要的角色，成为表演艺术的一部分。武打戏在京剧、评剧、黄梅戏等各种戏曲中得以广泛表现，通过武术的动作设计和表演，呈现出生动的情节和戏剧张力。武术的身法、动作等成为戏曲演员必备的技能，为戏曲表演增色不少。

中国的绘画艺术中，武术的身体语言和动作也是一个重要的表现元素。许多画家通过绘画表现武术动作的力量美、舞蹈感，以及武士的英勇形象。[①] 武术的美感和动感通过绘画艺术得以生动展现，成为中国画中不可或缺的一部分。

在中国雕塑艺术中，武术的形象也常常成为雕塑作品的题材。武者的雄姿、武术动作都成为雕塑家表达力量和美感的对象。通过雕塑，武术的形象在三维空间中得以具体呈现，展示出雄浑和磅礴的气势。

武术的身体语言以及动作的节奏感也渗透到舞蹈等表演艺术中。舞台上的武术表演，不仅展示出精湛的技击，还通过舞台设计和音乐的配合，呈现出一场综合性的艺术盛宴。

综合而言，武术作为一门综合性的艺术形式，不仅能在实际战斗中发挥作用，还在文化艺术领域中得以广泛体现。武术的身体语言、美感，以及对人性的探讨成

---

① 丁昊阳，王岗.中国武术发展的三重进路[J].山西大学学报（哲学社会科学版），2023，46（6）：66—73.

为中国文化传统中的一大亮点,为中国艺术的多元化发展贡献了独特的魅力。

六、现代武术教育的发展

随着社会的变迁和现代教育的崛起,武术教育也发生了一系列的变化。学校设立武术专业,将武术融入体育教育体系。同时,武术也逐渐国际化,成为全球范围内的体育活动和文化传播的一部分。

随着对身体素质全面发展的重视和对传统文化的重新认识,越来越多的学校设立了武术专业。这些专业不仅包括对武术技能的培训,还注重对武术的文化内涵的诠释和哲学思想的传承。学生有机会通过专业学习更深入地了解武术的历史、传统和理论,使武术不仅仅是一种运动技能,更是一门综合性的学科。武术逐渐成为体育教育体系中的一部分,不仅在学校体育课程中有所体现,还在社会体育培训中得以普及。通过将武术融入体育教育,学生既可以在课堂上学到武术技能,提高身体素质,同时可以培养团队协作和自律的品质。

随着全球化的推进,武术逐渐超越国界,成为全球范围内的体育活动和文化传播的一部分。国际性的武术比赛、交流活动,以及在各国设立的武术学院,都促进了武术的国际化发展。武术成为连接不同文化的桥梁,促进了文化的交流与理解。在现代社会,武术不再局限于传统的武术形式,还包括了各种现代化的武术衍生形式,如散打、太极拳、跆拳道等。这种多元化的发展使得更多人能够参与武术运动中,不论年龄、性别或身体状况,都能够找到适合自己的武术形式。武术的社会影响力也逐渐增强。武术强调的精神品质,如自律、尊重、坚韧不拔等,成为现代社会强调的素质和价值观。武术作为一种体育活动,不仅是锻炼身体的方式,还是培养品德和意志力的有效手段,受到社会各界的认可和推崇。

这些变化使得武术教育在当代社会中扮演着更为重要的角色,既促进了传统武术的传承,又推动了武术在当代社会的多元化发展。武术作为一门综合性的体育和文化活动,不仅在中国,还在全球范围内发挥着重要的作用。

第二节　学校武术教育的演变

学校武术教育的演变是一个承载着传统智慧和现代需求的历史进程。随着时代的推移,学校武术教育逐步从传统的武技传承演变为更加注重全面发展和现代价值的教学模式。随着中国社会的变革和现代教育理念的崛起,学校武术教育经历了一

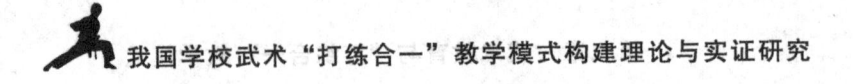

场令人瞩目的演变。起源于古代的武术，曾是战国时期诸子百家争雄的焦点，亦是军事对抗的生死技能。然而，随着和平时期的来临，武术逐渐走入寻常百姓生活，成为文化传统和体育活动的一部分。

一、古代武术教育

古代的武术教育主要侧重于武技的传承，这一时期武术被视为军事技能的一部分，培养的是士人阶层的战斗力。武技的传承主要通过师徒制度，由有经验的武术大师传授给学徒。这种模式强调对个体技能的培养，注重对武德和忠君爱国的培养，对于当时战乱频繁的社会有着重要的实用性。

古代的武术教育在很大程度上是为了满足战争和军事需求。各个时期的统治者和军事将领十分重视武技的传承，因为强大的军事力量对于国家的安全至关重要。武术作为一种实用的战斗技能，通过世袭、门第或其他渠道，由有经验的武术大师传授给学徒，形成了严格的师徒制度。师徒制度是古代武术教育中的核心组织形式。有经验的武术大师将其技艺传承给学徒，通过亲身示范和实战演练，学徒逐渐掌握武技的精髓。这种一对一的教学模式使得学徒能够深入了解武术的实际运用，同时也继承了大师的经验和智慧。

古代武术注重的是个体的武技水平，每位学徒都被期望能够通过刻苦训练，熟练掌握各种武术技巧。个体的技能水平直接关系到其在战场上的表现，因此，强调个体技能的培养成为武术教育的一项重要任务。学徒在这个过程中不仅仅是技能的传承者，更是武术传统的继承者。除了武技的培养，古代武术教育还强调武德的培养，即武士应具备高尚的品德和忠君爱国的情怀。武德被认为是武士的灵魂，他们不仅要在战场上善于用兵，还要秉持忠诚、正义和仁爱的价值观。这种注重品德的培养，使得武术教育不仅仅是技术的传承，更是对人格修养的培养。

在这一时期，战乱频繁，社会需要有着高强武技和坚定品德的武士来保卫国家和维护社会秩序。因此，古代武术教育的实用性和社会价值得以充分展现。师徒传承、强调武德的教育理念植根于古代武术中，为后来的武术发展奠定了基础。

二、现代化初期的调整

随着近代社会的变革和现代化思潮的兴起，学校武术教育经历了一系列调整。在 20 世纪初期，中国开始进行大规模的社会变革和教育改革，武术教育也受到了影响。传统的武技传承逐渐与现代教育体系相融合，学校开始设立武术专业，将武术作为一门独立的体育课程融入学校教学中。

20世纪初期，中国经历了一系列的社会变革和教育改革，旨在推动国家现代化进程。这一时期的政治、经济和文化变革对教育产生了深远的影响。在这个背景下，武术教育也受到了调整和改革的影响，以适应社会的发展需求和现代教育理念。为了更好地将武术纳入现代教育体系，学校开始设立武术专业。这使得武术不再仅仅是一种传统技能，更成为一门独立的学科，有系统地纳入学校的课程设置。武术专业的设立为学生提供了更为正规和系统的武术培训，有助于培养更专业的武术人才。

随着武术专业的设立，武术逐渐融入学校的体育课程体系。作为一门独立的体育课程，学生可以在学校的正规环境中系统地学习武术技能。这一举措有助于提高武术的教学水平，使更多学生能够接触和受益于武术的培训。近代学校武术教育的调整也受到现代教育理念的影响。教育者开始更加注重学生的全面发展，将武术不仅仅看作一种技能培训，更强调其对学生身心健康和综合素质的促进作用。这使得武术教育更好地融入现代综合素质教育的框架中。随着社会开放和国际化的趋势，学校武术教育也逐渐融入全球范围内。学校武术教育不仅关注传统技艺的传承，同时也借鉴和吸收国际武术发展的先进理念和方法，使中国的武术教育更具国际竞争力。近代学校武术教育在社会变革和现代化思潮的推动下，经历了从传统到现代的转变，使得武术更好地融入了学校教育的体系中，为学生提供了更多元化和专业化的培训机会。

三、体育化和全面发展的时期

随着国家对体育的重视和对全面素质教育理念的推动，学校武术教育进入了体育化和全面发展的时期。这一时期，武术教育不再仅仅注重武技的传承，更强调学生身体素质、健康和全面发展。学校武术课程开始涵盖多种武术形式，同时引入体育理论和心理健康教育。

随着国家对体育的日益重视，学校武术教育得到了更多的支持和关注。国家的政策和投资使得学校有更多的资源用于武术教育的发展。这为武术教育提供了更好的硬件和软件条件，有利于提高教学水平和学生的综合素质。全面素质教育理念的推动使得武术教育更注重学生的全面发展。武术不再仅仅是一门技能的传承，更强调培养学生的身体素质、健康意识及综合素质。学校武术课程逐渐从单一技能的训练转变为全方位的素质培养。

为了满足学生的多样化需求，学校武术课程开始涵盖多种武术形式。除了传统的武术技艺，还包括太极拳、气功、剑术等多样化的武术形式。这使得学生有更多

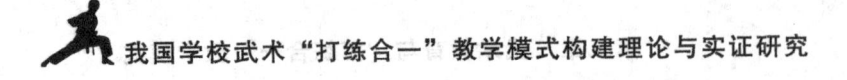

选择，能够根据个体兴趣和特长进行自主学习。学校武术教育不再只关注技术层面，还开始引入体育理论和心理健康教育。通过理论学习，学生能够更深入地了解武术背后的原理，提高对武术的理解和应用。同时，心理健康教育有助于培养学生的心理素质，提升他们的自我管理和情绪调控能力。学校武术教育逐渐呈现出体育化和竞技化的趋势。在课程中引入比赛和竞技元素，激发学生对武术的热情，培养他们的竞技精神和团队协作能力。这不仅增加了武术课程的趣味性，同时也为学生提供了展示和比拼的机会。当前学校武术教育在国家政策和全面素质教育理念的引领下，更加注重学生的全面发展，致力于培养身心健康、素质全面的新时代武术人才。

四、国际交流与现代创新

近年来，学校武术教育逐渐走向国际化，通过与国际武术组织的交流，推动中国武术在国际上的传播。同时，武术教育也在创新方面取得了一系列成果，不仅注重传统武技的传承，还引入了现代体育科学、心理学等知识，提升了教学质量。

学校武术教育通过与国际武术组织的交流与合作，积极参与国际性的武术赛事和活动。这种国际合作不仅促进了中国武术在国际上的传播，还为学生提供了与国际接轨的机会。学生通过参与国际性的武术交流，能够拓展视野、增长见识，同时在全球范围内展现中国武术的风采。为适应现代社会的发展，学校武术教育逐渐引入现代体育科学、心理学等相关知识。这种跨学科的融合有助于提升武术教育的专业水平，使教学更科学、更系统。学生不仅能够掌握传统武技，还能够理解其背后的科学原理，使武术更具有现代感和可持续性。

为了提高教学效果，学校武术教育在教学方法上进行了创新。通过引入现代技术手段，如虚拟现实技术、在线教学平台等，丰富了教学手段，提升了学生的学习体验。创新的教学方法有助于激发学生学习的兴趣，提高学习效果。除了传统的武技传承，学校武术教育逐渐融合多元的武术形式。这包括不同流派的武术、现代武术和传统功夫的结合等。通过多元武术形式的融合，学生可以更全面地发展武术技能，同时也能够更好地适应多元文化的交融。

学校武术教育通过教学活动和演出，积极推动中外文化的交流。通过向外传播中国武术文化，不仅使武术在国际上更具知名度，也促进了中外学生之间的文化理解、培养了友谊。学校武术教育在国际化和创新化的道路上取得了显著的进展，这有助于更好地满足学生的需求，提高武术在全球范围内的影响力。

五、多元化发展与个性化培养

在当今社会，学校武术教育更加注重学生的多元化发展和个性化培养。学校提供了更丰富的武术课程，学生可以根据自己的兴趣和特长选择适合的武术形式。在武术教学中强调个体差异，注重培养学生的团队协作精神、创新能力及身心健康。

学校为学生提供了更加丰富多样的武术课程，涵盖了不同的武术形式和流派。学生可以根据自己的兴趣、爱好和身体条件，选择适合自己的武术项目进行学习。这种多元化的课程设置有助于激发学生对武术的热情，使其能够找到更适合自己的学习方向。学校武术教育注重培养学生的个性化发展，不再"一刀切"，而是关注每个学生的特长和潜力。通过个性化的培养，学生能够更好地发挥自己的优势，实现个体差异化的成长。同时，强调团队协作精神，让学生在武术训练中体验团队的力量，培养合作意识和团队协作能力。

学校武术教育不仅关注传统武技的传承，还注重培养学生的创新能力。通过引入现代科技和教育理念，创新教学手段，激发学生的创造力和创新思维能力。[1] 这有助于使武术教育更符合当代学生的学习方式和需求，培养具有创新精神的人才。学校武术教育更加关注学生的身心健康。除了武技训练，课程还注重锻炼学生的身体素质，提升体能水平。同时，通过武术的练习，培养学生的意志力和心理素质，促进身心的全面发展。这有助于学生在竞技和生活中都能够更好地保持健康的状态。

学校武术教育在当今社会更加注重个性化培养和全面发展，旨在培养具有多方面素养的学生，使其在未来更好地适应社会的发展和变化。这种注重个性、团队协作、创新和身心健康的教育理念，为学生提供了更丰富、更有深度的武术教育体验。学校武术教育的演变经历了从传统到现代、从单一技能到全面素质的转变。这一过程不仅是对传统文化的传承，也是对现代教育理念的积极响应，为学生提供了更为全面和丰富的教育体验。

第三节 "打练合一"教学模式的概念与特点

"打练合一"教学模式作为一种新颖而富有创意的教育理念，旨在将武术的实际应用与练习相结合，为学生提供更为综合和实践性的学习体验。这一教学模式的概

---

[1] 卢玺. 全民健身视域下高校体育武术教学改革探究[J]. 中华武术, 2023, (8): 101-103.

念及特点体现了对传统武术教学模式的革新和对学生全面发展的关注。

一、概念

"打练合一"教学模式强调将武术的实际应用与技术练习融为一体，不再仅仅侧重于传统武技的单一训练，而是将打击技能、实际应用能力与练习相结合，使学生能够更好地理解武术的实战价值。这一概念旨在打破传统教学中理论与实践的割裂，使学生在学习武术的过程中更直观地感受到应用场景。

（一）实际应用的融入

传统武术教学模式在注重技术传承和理论学习的同时，常常面临一个重要的挑战，即学生难以将所学到的技能和理论应用于实际场景。这种割裂感可能导致学生在实际应用中感到困惑，降低了武术在实际战斗或自卫中的实用性。"打练合一"教学模式在此背景下崭露头角，通过将实际应用贯穿于教学过程，弥合了这一理论与实践之间的鸿沟，为学生提供了更丰富的学习体验。

"打练合一"教学模式致力于模拟实际场景，将学生置身于真实情境中，使其更直观地理解武术技能在实际应用中的运用。这种实际场景的模拟有助于学生更好地理解技能的实战价值，提高实际应用能力。传统武术教学往往侧重于单一技术或套路的训练，而"打练合一"教学模式通过将技术的实际应用与练习相结合，使学生在综合性的体验中更全面地掌握武术技能。这种综合性的体验有助于提高学生的综合战斗力。

武术不仅仅是一种艺术和体育运动，更是一种实用性强的自卫技能。通过"打练合一"教学模式，学生能够更直观地感受到武术技能在实际场景中的应用，从而加深对武术实用性的认识。武术的实际应用不仅仅是技巧的展示，更是在不同情境下的应对和反应能力的体现。"打练合一"教学模式强调实际场景的模拟，培养学生在各种情境下的自主应对能力和反应能力。通过将实际应用贯穿于教学过程，"打练合一"教学模式为学生提供了更贴近实际、更具实战能力的武术教学体验，强调武术不仅是一种技巧的展示，更是实际场景中的自主应对能力和反应能力的体现。

（二）练习的多样性

传统武术教学侧重于技巧的独立训练，强调套路和单一技术的掌握。然而，在实际应用中，学生可能面临复杂多变的情境，要求他们能够迅速而有效地应对各种挑战。"打练合一"教学模式通过将技术练习融入多样化的实际场景中，弥合了传统武术教学中对技巧和实际操作之间的分离。

"打练合一"教学模式通过模拟各种实际场景，如模拟自卫、应对多人攻击等，为学生提供了更多样化的实际练习。这种多样化的练习使学生能够更全面地适应各种情境，培养出更灵活的实际操作能力。通过将技术练习置于实际场景之中，学生能够更好地理解技能在实际应用中的运用方式。这种模拟有助于学生更迅速、更准确地应对各种挑战，提高实际操作水平。

传统武术教学往往缺乏对不同情境的真实反应训练。"打练合一"教学模式注重培养学生在实际场景中的情境反应能力，使其能够在复杂的环境中做出明智、迅速的决策。技术练习与实际场景的结合有助于提高学生的实际操作能力。学生通过在真实环境中进行实际操作，能够更好地理解技能的威力和实用性，从而在实际应用中更具有自信心。通过融合技术练习与多样化的实际场景的模拟，"打练合一"教学模式强调武术技能的实际应用，培养学生在各种情境下应对挑战的能力，提高实际操作水平，使武术教育更贴近实战的需要。

（三）理论与实践的统一

在传统武术教学中，理论与实践常常出现割裂的现象，学生难以将所学的理论知识有效地应用到实际中。"打练合一"教学模式通过将实践应用融入技术练习，实现了理论与实践的有机统一，使学生更全面地掌握武术技能，增强实践应用能力。

"打练合一"教学模式将武术技术练习融入实际场景，使学生在实践中直接应用所学的理论知识。这种融合使学生更容易理解理论的实践运用方式，增强了知识的实用性。学生通过实际应用感到理论知识的实践效果，激发了他们学习的兴趣和动机。这种直观的体验使学生的学习不再枯燥，具有实践意义，提高了学生对学科的投入度。实践操作可以加深学生对理论知识的理解。通过亲身参与实际场景的练习，学生更容易领会理论概念的实质，形成更为深刻的认识。

学生在实践操作中可能会暴露出理论上的误解或错误，"打练合一"教学模式为纠正这些错误提供了机会。通过实践操作，学生可以在教师和同学的指导下不断改进，提高技能水平。

"打练合一"教学模式的目标之一是实现知行合一，即理论与实践相辅相成。这有助于培养学生将所学知识运用到实际生活中的能力，能更好地适应社会的需求。通过打破理论与实践的割裂，"打练合一"教学模式使武术教学更加贴近实际需求，提高学生对理论知识的理解和实际应用能力。这种整合能够培养学生全面发展的能力，使其在未来的实际应用中更具竞争力。

（四）强调实战场景

该教学模式更加注重模拟实战场景，使学生能够在真实的环境中应用所学技能。这有助于学生更好地理解技能的实战价值，提高在实际情境中的应对能力。通过模拟实战场景，学生可以更直观地感受到所学技能在实际战斗中的价值。这不仅使学习更加生动有趣，也让学生更深刻地理解技能的实际用途。

在真实场景练习中，可以提高学生在面对实际挑战时的应对能力。学生不仅学到技术动作，还培养了在压力下冷静思考和迅速做出反应的能力，这对于参与实际战斗或自卫具有重要意义。[①] 模拟实战场景可以使学生接触到更多不同的情境，从而拓展他们的认知，能够培养学生的综合应变能力，使其更好地适应多样化的实际场景。学生参与模拟实战场景的学习更容易激发学习兴趣，因为他们能够看到所学技能直接在实际情境中产生的影响。这有助于提高学生的学习动机和投入度。模拟实战场景是理论与实践有机结合的有效手段。学生在实际操作中能够将理论知识转化为实际技能，实现知行合一，更好地掌握所学内容。

（五）培养实际操作技能

"打练合一"教学模式鼓励学生动手实践，通过不断的实际操作，学生能够更深刻地理解和掌握武术技能，提高实际操作水平。这种培养实际操作技能的方法有助于学生更好地应对复杂的情况。

通过实际动手实践，学生能够更深刻地理解和掌握武术技能，培养学生的实际操作水平。在实践中不断摸索和练习，学生逐渐提高了在实际情境下运用技能的熟练程度，使其在实际操作中更为娴熟和自信。武术实战中常常涉及复杂多变的情况，通过实际操作可培养学生的应对能力，锻炼他们在压力下冷静应对与迅速反应的能力。

实际操作有助于技能的内化，使其成为学生的自然反应。通过不断的实践，技能逐渐融入学生的身体记忆中，使其在实际应用时更为流畅和有效。学生在实际操作中能够看到自己的进步，有助于增强他们的学习动机。成功的实践经验将为学生带来成就感，引导他们更深入地投入学习中。通过实际操作，学生需要面对各种实际问题并找到解决方案，培养了学生解决实际问题的能力，使其具备更强的实际适应力。

---

① 张紫亮. 补偿性体能素质背景下高中武术教学有效性研究[J]. 中华武术, 2023, (09): 114—116.

通过鼓励学生不断进行实际操作,"打练合一"教学模式为学生提供了更为实用和全面的武术教育,使其不仅能够掌握技能,还能够灵活应对各种复杂的情况。这种实践导向的教学方法有助于培养学生更为全面的能力。"打练合一"教学模式的概念旨在为学生提供更贴近实际、更具实战能力的武术教学体验,促使学生在学习武术的过程中更全面地发展实际应用技能。

二、特点

"打练合一"教学模式的特点主要集中在将武术的实际应用与技术练习有机结合,为学生提供更综合和实践性的学习体验。以下是这一教学模式的显著特点。

(一)实战导向

"打练合一"教学模式突出实战性,注重培养学生在实际情境中运用武术技能的能力。通过将打击技能融入练习中,学生更容易理解和应用所学的武术技巧,强调实际战斗中的应对能力和反应能力。这一教学模式通过模拟实际战斗场景,使学生在相对真实的情境中进行训练,有助于学生更好地理解技巧在实际战斗中的应用,提高对武术技能实际效果的认识。

将打击技能融入练习中,使学生在实际动作中体验和运用。这不仅有助于学生对技能的深入学习,还能够让学生更快速地适应实际战斗中的操作和应对需求。通过在训练中模拟各种战斗情境,培养学生在面对不同对手和环境时的灵活性和决策能力。学生在练习中不仅要学到技巧本身,还要注重如何在实际情境中应用这些技巧,有助于学生更好地将理论知识转化为实际应对能力,增强实际应用技能。

通过实际战斗情境的模拟,学生更容易产生真实的情感体验,培养他们在紧急情况下冷静和自信的心理素质,提高应对压力的能力。实战性的训练能够提升学生的综合性能力,包括身体素质、战术思维、团队协作能力等多方面。[1]

通过突出实战性,"打练合一"教学模式为学生提供了更为贴近实际应用的武术教学体验。学生不仅能学到武术技巧,更能够在模拟的实际战斗情境中培养出实际应用这些技巧的能力,使其在面对实际挑战时更为从容自如。

---

[1] 水海龙.传统武术文化在高校武术教学中的传承与重构[J].冰雪体育创新研究,2023,(19):146—148.

(二) 综合性学习

"打练合一"教学模式不仅仅侧重于掌握单一的武术技能，还将实际打击技能与身体素质、协调能力等方面相结合。通过综合性学习，学生不仅能够在武术的多个方面得到发展，实现全面素质的提升，还有助于培养学生在不同领域中都具备一定的武术实力。除了技能的训练，该模式还注重身体素质的提升。学生在实际打击技能的练习中，同时锻炼身体的力量、耐力、灵活性等多个方面，实现身体素质的全面培养。实际打击技能的学习涉及身体各部分的协同运动，培养了学生的协调能力。这对于提高学生的动作协调性、灵活性，以及对身体的精准掌控具有重要意义。

武术的全面学习不仅仅关乎技能，还涉及心理素质的培养。通过实际打击技能的学习，学生能够培养出冷静、沉着、自信等心理素质，提高在紧张情境下的应对能力。通过多方面武术技能的综合学习，学生不仅能够在武术练习中表现出色，还能够将所学技能有机应用于实际场景，提升实际应用能力。通过全面学习不同方面的武术技能，学生的综合素质得到全面发展，包括身体素质、技能水平、协调能力、团队协作能力等多个方面。通过实现全面素质的提升，"打练合一"教学模式致力于培养更全面、更多才多艺的武术学生，使其在各个方面都能够取得优异的成绩和表现。

(三) 实践经验

通过模拟实际场景，学生可以更贴近真实的实践情境，获得更为真实的实践经验，有助于提高学生对于武术技能在实际应用中的理解，使其能够更快速、更准确地掌握相关技能。

实际场景模拟练习使学生在复杂的情境中进行实践，不仅提高了学生的技能水平，还锻炼了他们在紧张和变化多端的环境中应对挑战的能力。

通过模拟实际场景，学生能够更好地将所学的武术技能应用到实际情境中。这不仅可以提高技能的实际操作水平，也能使学生能够更灵活、更有效地运用所学的技能。实际场景模拟练习让学生更深度地参与学习中，增加了学习的趣味性和挑战性。学生在模拟实际场景中感受到的成就感和挑战感，可以更好地激发他们的学习兴趣，增强学习动力。模拟实际场景的练习需要学生进行团队合作，能够培养团队协作能力。学生在协同作战的过程中学会相互配合，提高了团队协作的水平。通过实际场景的模拟，学生可以更深刻地理解武术技能在战术应用中的角色，使得学生不仅能够掌握武术技巧，更能够理解武术技能的战术运用，提高应对复杂战术环境的能力。通过实际场景模拟练习，"打练合一"教学模式为学生提供了更为贴近实际的学习经验，促进了他们对武术技能的全面理解和实际运用。

（四）培养自信心

"打练合一"教学模式通过实际应用的练习，有助于学生提高应对挑战的能力，培养自信心和应对复杂情境的勇气。学生在模拟的实战环境中不仅能学到武术技能，还培养了在面对未知情况时的自信心。

实际应用的练习涉及各种复杂的情境，要求学生在短时间内作出正确的反应。这种挑战性的练习有助于锻炼学生应对挑战的能力，使他们能够更从容地面对各种未知情况。在模拟的实战环境中，学生可能会面临压力、紧张和不确定性。通过这些练习，学生能逐渐培养出勇气和坚韧性，能够在面对压力时保持冷静，保持积极的学习态度。

成功地应用所学的武术技能会给学生带来成就感，这不仅增强了学生对自身能力的认知，还激发了他们对学习的兴趣。通过实际应用取得的成功经验，学生会更愿意接受新的挑战。面对复杂情境中的实际应用练习，学生需要不断调整策略，并作出正确决策，有助于提升他们在实际场景中的应对能力，使他们更具实际战斗力。在实际应用的练习中，学生往往需要团队协作，共同应对各种挑战。这可以培养学生的团队合作精神，提高在集体环境下的实际应对能力。"打练合一"教学模式通过实际应用的练习，不仅提高了学生的武术技能水平，更在培养学生的自信心、应对挑战的能力，以及面对复杂情境的勇气方面发挥了积极的作用。

（五）促进团队协作

通过集体实战演练，学生能够培养团队协作的能力，有助于他们更好地与他人合作，提高在群体环境中应对复杂情况的协同效能。集体实战演练要求学生在协同的过程中建立团队默契，他们需要相互协作，配合默契，以应对不同的战术场景。

实际战斗场景的模拟要求学生通过有效的沟通传递信息、协商战术，促使学生提升沟通技巧，清晰表达自己的意图，并理解团队成员的需求，这对于在团队中协作非常关键。在集体实战演练中，学生可能被分配到不同的任务和角色，有助于他们理解分工协作的重要性，并培养角色扮演的技能。通过担任不同的角色，学生可以更全面地了解团队协作的复杂性。集体实战演练有一个共同的目标，即应对各种战术挑战。共同的目标有助于形成团队凝聚力，使学生在实际操作中更加紧密地协作，共同追求胜利也激发了团队成员的积极性。

集体实战演练通常模拟真实战场，学生需要在这些情境中相互支持。这样的实际应对情境可以培养学生在团队中应对复杂情况、紧急状况的能力。集体实战演练是一个团队学习的过程，每位学生都能从团队成员和教师的经验中学到不同的技巧和战术。经验分享可以在团队内部形成有效的学习机制。通过集体实战演练，"打练合一"教学模式不仅能培养学生在团队协作中的技能，也促使他们更好地适应群体环境，提高在协同效能方面的表现，有助于让学生更全面地理解和应用武术技能。

（六）实际动手能力

"打练合一"教学模式注重学生的实际操作，强调实践技能的培养。学生通过不断的实际动手练习，更深刻地理解和掌握武术技能，提高实际操作水平。这种亲身经历使学生能够更深刻地理解技巧的本质，与只通过理论学习相比，实际操作更能够激发学生的学习兴趣和热情。

在实际操作中，学生会面临各种情况和问题，这要求他们能够灵活应对。通过解决实际问题，培养学生解决问题的能力和决策能力，增强他们在实际场景中的适应能力。实际操作强调动手实践，有助于提高学生的动手能力。学生通过不断地练习，逐渐熟练掌握各种武术技巧，培养了自己的实际操作水平，为更高水平的技能打下基础。实际操作要求学生在动态环境中快速做出反应，培养了学生的快速反应能力和适应能力，使他们能够更好地面对复杂多变的战术场景。

武术强调身体的协调性和灵活性。通过实际操作，学生能够更好地培养身体协调能力，提高对身体动作的精准掌握，从而在武术技能上取得更好的表现。[1] 实际操作使学生更加注重武术技能在实际应用中的效果，培养学生对实际应用的敏感性，使其能够更好地将所学技能应用于实战场景。通过强调实际操作，"打练合一"教学模式使学生能够更全面、深入地学习武术技能，不仅提高了技术水平，还培养了实际应用和动手操作的能力，使学生更好地适应复杂多变的实际战斗场景。

"打练合一"教学模式的概念与特点体现了对武术教育进行创新的追求，旨在培养学生成为更为全面、实践能力更为强大的武术从业者。这一教学理念通过整合实际应用与练习，为学生提供了更具深度和广度的学习体验。

---

[1] 杜惠珍，张婕，吕超．高校武术教学中动态分层教学法的应用［J］．中华武术，2023，(10)：105-107．

第三章 教育理论与模式构建

在教育理论与"打练合一"教学模式构建的探讨中,我们将深入研究如何将先进的教育理念与实践相结合,创造一种更具全面性和实用性的教学模式。这一模式的构建旨在超越传统教学框架,通过深刻理论的支持,为学生提供更为丰富、有趣且贴近实际的学习经验。在本章中,我们将剖析教育理论在"打练合一"教学模式中的作用,深入了解构建这一创新教学方法的理论基础,以推动教育实践迈向更灵活、更适应学生需求的未来。

第一节 教育理论在武术教育中的应用

教育理论在武术教育中的应用旨在打破传统教学的束缚,借助先进的教育思想,为学生提供更富创新性和个性化的学习体验。本节将深入研究不同教育理论在武术教育中的实际应用,探索如何通过理论框架的构建,使武术教学更符合现代学生的需求。我们将聚焦于理论对教学方法、学生激励和综合素质培养的影响,为构建更灵活、富有活力的武术教育模式提供理论支持。

一、建构主义理论

建构主义理论强调学生通过主动参与、建构知识与环境的互动来学习。在武术教育中,可以通过设计具有挑战性的任务和实际应用情境,激发学生的学习兴趣,培养他们对武术技能的主动探索和理解。

(一)实际应用任务的设计

通过设计有挑战性的实际应用任务,学生不仅能够学到理论知识,还能将这些知识应用于实际的武术技能中。例如,可以模拟不同战斗场景,要求学生设计相应的应对战术,从而培养他们在实战中的反应能力和决策能力。

模拟不同战斗场景是一种将理论知识与实际应用相结合的方法。通过真实性的场景模拟，学生可以更好地理解武术技能在实战中的实际运用。这样的任务设计使得学生能够直接应对各种复杂的情境，培养在实际战斗中的反应能力。要求学生设计相应的应对战术，不仅是对理论知识的应用，还涉及战术决策的综合性思考。学生需要考虑对手的特点、场地条件、团队协作等多个因素，促使他们在实践中不断提升决策能力和战术规划的综合性。武术的实际应用要求学生在瞬息万变的情境中做出迅速而准确的决策。通过模拟不同的战斗场景，能够培养学生在实际战斗中的反应速度和决策能力，这对于提高学生在真实战场上的适应性至关重要。

在模拟实际战斗场景中，往往需要团队协作。学生需要与团队成员密切合作，制订战术计划，相互协助。这培养了学生在团队环境中的合作与沟通技能，也使他们更好地理解武术在集体协同中的应用。[①] 通过设计挑战性的任务，学生在实践中不仅学到了武术技能，还培养了解决问题、分析情境、团队合作等综合素质，有助于他们更全面地发展自己，超越了仅仅武技传承的范畴。

（二）实际情境中的学习

建构主义理论强调学习发生在真实的环境中。在武术教育中，可以通过将学生置身于实际的武术场景，如模拟比赛、应对多人攻击等，使学生更加深刻地理解和体验武术技能的应用场景，使学生能够在实践中应用所学的武术技能，从而更深刻地理解其实际应用价值。在模拟的比赛中，学生不仅仅能练习技术，还能体验到比赛中的紧张感和对抗压力，培养应对挑战的能力。建构主义理论强调学生的主动参与和自主学习，将学生置身于真实的武术环境中，激发他们的学习兴趣，让学习更富有意义。学生在模拟的武术场景中不仅仅是接受知识，更是通过实际操作和体验，主动地构建和发展自己的武术技能。

将学习置于真实环境中有助于情境化学习，即在特定的情境中学到的知识更容易迁移到其他相关的情境中，这对于武术技能的实际运用至关重要。学生在模拟场景中学到的技能更容易迁移到实际的自卫或比赛情境中，提高技能的实际应用性。在真实的武术环境中，学生有机会进行社交学习，与其他学习者和教练互动，分享经验和技能，这种互动促进了团队合作和共同学习精神的形成。学生在模拟场景中面对的是多样化的对手和战术，这也培养了他们适应多样化情境的能力。在真实环境中，学生更容易通过反思来建构知识。在模拟场景中，学生能够意识到自己的表现，思考改进的方式，并逐步完善自身的武术技能。反思有助于学生深化对武术技

---

① 王壮丽. 对临汾市民办武术学校教育实践的研究 [D]. 中北大学，2023.

能的理解，促使他们更加系统地建构和调整自己的知识结构。

（三）主动探索和建构知识

学生在武术教育中可以通过主动参与练习、模拟战斗等方式，亲身体验武术技能的细节和要点，促使自身不仅学到表面的技术，还能够主动建构更深层次的知识，形成更为牢固的理解。

通过主动参与武术练习，学生能够亲身体验技术的细节和动作的要领，使学生更深入地理解技能的执行方式，包括身体协调、力量运用和灵活性等方面。在模拟战斗中，学生不仅仅是被动接受指导，更是通过实际操作中的挑战和困难，逐步建构起对武术技能的深度理解。主动参与练习意味着学生不仅仅是知识的接收者，更是知识的建构者。他们通过实际操作中的感知和反思，逐渐建构起对武术技能的认知和理解。在此过程中，学生可能提出问题、寻找解决方案，从而形成更为个性化和深刻的知识结构。

通过模拟战斗等实际练习，学生培养了武术技能的技能迁移能力。他们能够更好地将学到的技术应用于实际战斗场景中，提高实战应对能力。主动参与实际操作可以帮助学生更灵活地运用所学的武术技能，因为他们在模拟中已经体验过各种情境，建构了解决问题的经验。

通过主动参与练习，学生还能够体验到武术的情感层面，包括挑战、兴奋和成就感。这些情感体验对于激励学生的学习起到了重要的作用。武术的身临其境体验使学生更容易投入学习，激发他们对武术的热情和探索的欲望。

（四）群体合作与交流

建构主义理论注重学生与环境的互动，而在武术中，学生之间的互动和合作也至关重要。通过群体合作的武术练习，学生可以互相交流经验、分享技能，从而共同建构对武术的理解。

群体合作的武术练习提供了学生之间分享经验和传授技能的机会。更有经验的学生可以与初学者分享实用的技巧和战术，促进技能的传承。这种互动有助于建构实际操作中的知识，学生通过观察、模仿和交流，逐步建构起对武术技能的理解。

武术练习中的群体合作不仅培养了技能，还加强了学生之间的情感联系。共同面对挑战和战胜困难，有助于建构团队凝聚力，促进学习环境的积极情感体验。学生在团队中建构出对武术的共同认同，共享成功和成就感，加深了他们对武术活动的投入和兴奋度。武术练习中的互动学习是群体合作的重要体现。学生通过与同伴互动，不仅学到了武术技能，还培养了与他人合作、交流和解决问题的社交技能。这种社交学习可以帮助学生更好地理解和适应武术练习中的各种情境，促进他们更全面地发展个人能力。

在群体合作的武术练习中，学生共同建构出适用于团队的规则和战术。通过合作的过程，他们逐渐形成对于协同作战的理解，建构了团队行为的共同框架。[①] 这种规则和战术的共同建构过程使得学生能够更有效地在团队中协同作战，实现更好的群体效能。群体合作的武术练习为学生提供了相互之间反思和改进的机会。通过合作的互动，学生可以从他人的经验中学到新的见解，促进个体和团队水平的不断提高。这种学生之间的反馈和改进过程是建构主义理论中强调的重要元素，使学生在互动中不断进步。在武术练习中，群体合作是学生与环境互动的重要形式，不仅促使他们共同建构对武术的理解和技能，还能够培养他们的合作精神、社交技能和实际操作能力。

（五）反思与调整

学生在建构主义理论的框架下，将更加倾向于对自己的学习进行反思。在武术教育中，这可以通过让学生观看自己的表现、分析战术决策等方式实现，从而使他们更有意识地调整和改善自己的技能。

学生可以通过录制自己在武术练习中的表现，并进行观看和分析。这种自我观察的过程有助于学生从不同角度看待自己的动作、技能运用等方面，促使他们能够自主地发现问题和改进空间。观看自身表现可以激发学生对于技能细节的敏感性，使他们有意识地进行技能的调整和提高。在群体合作的武术练习中，学生可以运用自己的战术决策。通过深入理解自己在实际情境中的选择和决策，学生可以更全面地理解战术应用的实际效果，有助于学生形成对于战术决策的更为理性和深刻的认识，使其在实战中更加智慧地应对各种情况。

建构主义理论注重学生自主发现和解决问题的能力。在武术教育中，学生可以通过面对具体的挑战，自主寻找解决问题的方法，形成更为深入和持久的学习效果。这种自主性的学习过程激发了学生对于学习的主动性和责任感，使其更有可能持续地进行反思和改进。学生之间可以通过对话和分享经验来促进对自身学习的反思。通过与同伴交流，学生可以得到来自不同角度的反馈，促进对于技能和战术更全面的理解。对话和分享经验是建构主义理论中合作学习的重要手段，为学生提供了丰

---

① 姬峰，王开创. 武术核心素养发展视阈下中学武术教学设计要点与方法选择[J]. 体育视野，2023（17）：60—62.

富的思维资源。

建构主义理论认为,学生对于学习的动机与其对知识的建构过程紧密相连。通过自主发现和反思,学生更容易培养起对武术学习的浓厚兴趣,推动其在学习中持续投入。这种学习兴趣的激发有助于学生保持对武术学习的主动性和积极性。在武术教育中,建构主义理论为学生提供了更多参与和主动建构知识的机会,促使他们更有意识地进行反思、调整和改进。这种学习方式强调个体学习者的主动性和自主性,有助于培养学生在实际武术应用中的创造性和适应性。

二、社会文化理论

社会文化理论认为学习是社会化过程,强调社会环境对个体学习的影响。在武术教育中,通过鼓励学生在小组中合作、分享经验,促使学生更好地理解武术的社会文化背景,培养团队协作能力。

(一)社会化过程与合作学习

社会文化理论注重学习是社会化过程的一部分,而合作学习是其中的关键元素。在武术教育中,通过引入合作学习,学生可以在小组中互相交流,分享经验和技能。这种合作学习的模式不仅有助于学生更深入地理解武术技能的社会文化内涵,还强调了学生之间的社会联系。学生通过小组合作,能够感受到团队协作的重要性,培养团队合作的意识和技能。

在合作学习的过程中,学生可以从彼此的经验中学到不同的武术技能和战术应对策略。这种互相学习和互动的社会化过程促使学生更加深入地理解武术技能的实际应用,同时增强了学生之间的社会联系。通过观察和模仿同伴,学生能够更好地理解武术技能的多样性和复杂性,从而在社会文化的背景下更好地运用这些技能。

社会文化理论通过合作学习的方式,为武术教育提供了更为丰富的社会化学习体验。学生通过小组合作,能够更好地理解武术技能的社会文化内涵,培养团队协作的意识和技能,进而更全面地掌握武术的实际应用。社会文化理论为武术教育提供了一种更具有社会联系和实际应用性的教学理念。

(二)传统武术的文化传承

社会文化理论在武术教育中的应用有助于学生深入理解武术的传统文化根源。武术在中国传统文化中扮演着重要的角色,其技能和价值观都受到了深刻的社会文

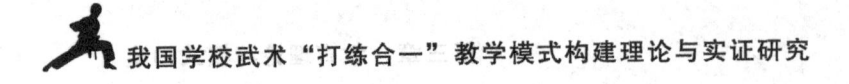

化影响。通过运用社会文化理论，可以解析武术的历史渊源、文化背景，以及其在社会中所扮演的角色，为学生提供更为丰富和深刻的学习体验。

社会文化理论强调学习是社会化过程的一部分，强调个体与社会环境的互动。在武术教育中，学生通过学习武术技能和理念，实际上是在融入一个具有悠久历史和深厚文化底蕴的社会体系。通过深入了解武术的社会文化脉络，学生可以更好地理解武术的传统价值观、道德规范，以及与中国文化相互交融的历史。社会文化理论注重社会环境对个体学习的影响。武术作为中国传统文化的一部分，受到了儒家、道家等思想的影响，融合了各种哲学观念和道德准则。通过社会文化理论的引导，学生可以更好地理解武术技能所承载的文化内涵，认识到武术不仅仅是一种运动技能，更是一种表达文化、传递价值观的载体。社会文化理论强调社会环境对个体认知和价值观的塑造。在武术教育中，学生通过深入了解武术的社会文化背景，能够更好地理解传统文化对于武术技能和价值观的塑造。这有助于学生形成对传统文化的理解和尊重，提升他们对武术的热情和对传统文化的认同感。

（三）社会环境对学习动机的影响

社会文化理论关注社会环境对学习动机的塑造。在武术教育中，创造积极的学习社会环境，如激发学生对武术的兴趣、提供正向榜样等，有助于激发学生的学习热情。通过与其他武术爱好者、老师和教练的积极互动，学生能够更好地融入武术学习的社会文化圈，感受到来自社会环境的正面激励。

社会文化理论强调社会环境对个体学习动机的影响。在武术教育中，为了激发学生对武术的兴趣，可以通过提供多样化、有趣的武术课程，设计富有挑战性和刺激性的武术活动，使学生更愿意投入学习。此外，积极引导学生参与武术社群，与其他武术爱好者、老师和教练建立良好关系，形成良好的社交网络，有助于激发他们的学习热情。社会文化理论注重正向榜样对学习动机的积极影响。在武术教育中，提供具有专业技能和积极品质的武术教练和榜样，能够激发学生追求卓越的欲望。通过与榜样的互动，学生可以感受到成功的喜悦和专业的引导，从而提高对武术学习的积极性。社会文化理论认为学习是社会化过程的一部分。在武术教育中，创造融洽的学习社会环境至关重要。通过鼓励学生互相分享经验、相互鼓励，形成团队协作氛围，学生更容易感受到来自社会环境的正面激励，增强学习动机。

（四）多元文化背景下的武术教育

在多元文化社会中，武术教育可以通过尊重和融合不同文化元素，促进学生跨文化的理解和交流。社会文化理论为武术教育提供了在多元文化背景下更加包容和开放的教学方法。教学内容可以涵盖不同武术流派、文化传统，使学生更全面地理解武术的多元面向，并培养学生跨文化交流的能力。

武术教育可以通过尊重和融合不同文化元素来拓展教学内容。考虑到武术的多样性和丰富的文化传统，教育者可以设计涵盖不同武术流派、不同地区的传统武技的课程，使学生在学习的过程中能够更全面地了解和体验武术的多元面向。通过引入不同文化元素，武术教育可以成为促进学生跨文化体验和认知的平台。社会文化理论强调社交环境对学习的重要性。在多元文化社会中，通过鼓励学生分享自己的文化传统、经验，与来自不同文化背景的同学互动，有助于形成一个开放、包容的学习社群。这样的社会环境可以帮助学生增进对不同文化的理解，培养跨文化交流和合作的能力。此外，借鉴多元文化的理念，武术教育可以通过创新教学方法，更好地适应不同文化学生的需求。例如，结合现代技术，开设在线课程，使得学生可以在更加灵活的时间和地点学习武术；通过采用多元文化的教学方法，武术教育可以更好地满足不同背景学生的学习需求，提高教学的包容性。

（五）社会文化对技能习得的影响

社会文化环境对技能的习得具有重要影响。通过在武术教育中融入社会文化元素，如历史故事、传统仪式等，有助于提高学生对技能的理解和认同。通过学习武术的社会文化内涵，学生不仅能够掌握武术技能，还能够更好地领悟其中蕴含的道德、情感等方面的内涵。

通过在武术教育中融入社会文化元素，如历史故事、传统仪式等，可以帮助学生更好地理解武术技能的来源和发展历程，能够让学生对技能的演变过程有更全面的认知，同时在学习过程中感受到对传统的尊重。这样的社会文化内涵不仅提升了学习的深度，也为学生提供了更丰富的学习体验。武术的社会文化内涵中蕴含了丰富的道德、情感等方面的元素。通过融入这些元素，学生在技能习得的同时，也得以培养品德和情感的发展。例如，在学习武术的过程中，学生可能会接触到武德、忍耐、尊重等价值观，这些都是社会文化中的重要组成部分。学生在体验这些价值观的同时，不仅提高了对技能的认同感，还培养了积极向上的品格。社会文化的融入还有助于形成武术社群，使学生在共同的文化背景下形成联系。学生可以通过分享和讨论社会文化元素，增进彼此间的交流，形成更加紧密的武术社交网络。这有助于培养学生对武术文化的认同感，增强学生在学习武术中的归属感。

因此，通过在武术教育中融入社会文化元素，不仅能够提高学生对技能的理解和认同，还能够促进道德、情感等方面的全面发展，为学生创造更为丰富和有深度的学习体验。

社会文化理论的应用使武术教育更注重社会环境对学生学习的影响，从而培养出更具社会责任感和文化认同感的武术学习者。[①] 通过社会文化理论的引导，武术教育可以更好地融入社会化学习的元素，为学生提供更为丰富和深刻的学习体验。社会文化理论在武术教育中的应用丰富了教学方法，使学生在学习武术技能的过程中能够更深刻地理解社会文化背景，培养团队协作能力，并在多元文化环境中形成更为全面的武术认知。社会文化理论为武术教育提供了一种更加全面、有深度的教学理念，有助于培养学生成为更具社会责任感和文化认同感的武术学习者。

三、个性化教育理论

个性化教育理论强调学生的差异性，提倡因材施教。在武术教育中，可以通过灵活的教学方式，针对学生的个体差异，设计个性化的学习计划，使每个学生都能够在武术领域找到适合自己的学习路径。

武术学习者的体质、兴趣和学习风格存在差异，个性化教育理论就是鼓励教育者根据学生的个体特点制订个性化的学习计划。在武术教育中，一些学生可能更适合注重内功修炼，而另一些学生可能更偏好快节奏的实战技巧。通过了解每位学生的特长和兴趣，教育者可以为他们设计个性化的教学内容，使每个学生都能够在武术领域发挥自己的优势。个性化教育注重学生的学习动机和目标，在武术教育中，一些学生可能对武术的实际应用更感兴趣，而另一些学生可能更注重武术的哲学内涵。通过了解学生的学习动机和目标，教育者可以为他们提供更具针对性的教育资源和学习体验，激发学生的学习热情。

个性化教育理论强调学生在学习过程中的自主性。在武术教育中，通过鼓励学生参与制订学习计划、选择感兴趣的武术流派或项目，可以激发学生学习的主动性。这有助于培养学生在武术领域独立思考的能力和自我管理的能力。个性化教育理论还强调了教育环境的灵活性。在武术教育中，教育者可以采用多样化的教学方法，包括个性化指导、小组合作学习、实践项目等，以满足不同学生的学习需求。这有助于创造一个适应性强、鼓励创新的学习环境。个性化教育理论为武术教育提供了一个有益的理论框架，通过关注学生的个体差异，更好地满足学生的学习需求，促进他们在武术领域的全面发展。

[①] 赵佳佳，李佳，唐守福. 武术教学对大学生体育核心素养的促进研究 [C] //中国班迪协会，澳门体能协会，广东省体能协会. 第九届中国体能训练科学大会论文集. 武汉体育学院武当山国际武术学院，2023：5.

四、情境学习理论

情境学习理论认为，学习最好发生在实际的应用情境中。在武术教育中，可以通过模拟实际战斗场景、制订实际应用任务，使学生更深刻地理解武术技能的实战应用，提高其在真实环境中的反应能力。

情境学习理论注重将学习嵌入真实的应用场景。在武术教育中，通过模拟实际战斗场景，如制订实战任务、模拟比赛等，学生能够更直观地感受到武技在实际应用中的价值。这种情境化的学习方式使学生能够更好地理解技能的实际用途，提高其在真实环境中的适应能力。情境学习强调任务导向和问题解决，在武术教育中，可以通过设计有挑战性的实际应用任务，要求学生运用所学技能解决问题。例如，模拟多人攻击场景，要求学生灵活运用自己的技能进行有效的防御。这样的任务导向学习可以促使学生在实践中更深入地思考和应用所学知识。

情境学习理论鼓励学生在实际情境中进行反思和调整。在武术教育中，通过观察学生在模拟战斗中的表现、分析其战术决策等，不仅可以激发学生对自身表现的反思，帮助他们更好地调整和改进自己的技能，还有助于提高学生的学习效果。情境学习理论倡导学习者在真实情境中进行实际操作。在武术教育中，通过实际的武术练习和模拟战斗，学生能够更深刻地理解和掌握武术技能。情境学习理论为武术教育提供了一种注重实际应用场景的教学方法，通过情境化的学习，使学生更深入地体验和理解武技，增强其在实际环境中的实战能力。

五、激励理论

激励理论关注对学生积极参与学习的激励因素。在武术教育中，可以通过设立目标、提供及时的反馈、激发学生的内在动机，使他们更主动地投入武术学习中；还可以通过设立明确的目标，激励学生努力追求个人进步。在武术教育中，设定个人技能提升或参与比赛等明确目标，能够激发学生的学习积极性。这些目标的设立可以使学生有明确的方向感，增强其对学习的动力，促使他们更加专注和努力地投入学习。

提供及时的反馈是激励学生的重要手段。在武术教育中，教练或教师可以及时评价学生的表现，指出其优点和需要改进的地方。通过正面的反馈强化学生良好的行为，同时提供建设性的反馈帮助学生改进，可以激发学生的学习兴趣和积极性。激励理论还注重激发学生的内在动机。在武术教育中，培养学生对武术的热爱和内

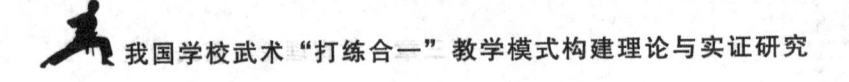

在动机非常重要。通过引导学生深入了解武术的文化内涵、历史渊源等,激发他们的自我驱动力。内在动机能够使学生更持久地投入学习,因为他们对学习本身会感到满足和愉悦。此外,激励理论还强调对学生的个性化认可。在武术教育中,教练或教师可以根据学生的个体差异,对其所取得的进步和努力给予充分的认可。通过个性化的激励,能够增强学生的自信心,激发他们更积极地投入到学习中。

激励理论在武术教育中通过设立目标、提供及时的反馈、激发内在动机等方式,为学生提供了积极学习的动力,促使他们更主动、更专注地参与武术学习。这种激励机制有助于培养学生的学习兴趣和长期参与的动力,进而取得更好的学习效果。

综合运用以上这些教育理论,可以构建一个更为灵活、个性化、具有实践导向的武术教育模式,使学生在学习过程中更充实、更有深度地体验武术文化的内涵。

第二节 模式构建的理论框架

在当今教育领域,为了更好地培养学生的综合素质和实际应用能力,各种创新的教学模式应运而生。其中,"打练合一"教学模式作为一种融合实际应用与技术练习的武术教学新思路,吸引了广泛关注。构建这一模式的理论框架不仅需要深刻理解武术教育的本质,还要融入现代教育理念,使之既传承了传统武术的精髓,又符合当今学生的需求和学科发展的趋势。

一、整合多元理论

"打练合一"教学模式构建的理论框架整合了建构主义、情境学习、个性化教育、激励理论和社会文化理论等多个教育理论。这种综合性的理论框架有助于全面把握武术教育的复杂性,为教学设计提供多维度的参考。

建构主义理论强调学习是一种主动建构知识的过程,学生通过自身的思考和互动构建对世界的理解。在"打练合一"教学模式中,建构主义理论为教学提供了基础,要求学生通过实际操作、模拟情境等方式主动参与学习,从而更深刻地理解武术技能的实际应用。情境学习理论认为学习最好发生在实际应用情境中。在武术教育中,通过模拟实际战斗场景、制订实际应用任务,学生在真实情境中练习武术技能,加深对技能的理解,提高在实际环境中的反应能力。个性化教育理论注重因材施教,认为每个学生都有独特的学习需求和兴趣。在"打练合一"教学模式中,教育者可以根据学生的个体差异设计灵活的教学计划,让每个学生都能够在武术领域找到适合自己的学习路径。激励理论关注学生积极参与学习的激励因素。在"打练合一"教学模式中,通过设立明确的学习目标、提供及时的反馈、激发学生的内在动机等手段,促使学生更主动地投入到武术学习中,提高学习效果。社会文化理论认为学习是社会化过程的一部分,注重社会环境对个体学习的影响。

二、指导教学实践

理论框架为"打练合一"教学模式的具体实施提供了指导。教育者可以根据框架中的理论原则,针对性地设计教学内容、活动和评价方式,以更好地满足学生的学习需求。

基于情境学习理论,教育者可以设计有挑战性的实际应用任务,要求学生在模拟的武术场景中应用所学技能,有助于学生更深刻地理解技能在实战中的运用,提高实际操作水平。借助个性化教育理论,教育者可以根据学生的个体差异设计个性化的学习计划。[1]通过了解学生的兴趣、学习风格和水平,教育者可以为每个学生制订具有针对性的教学方案,使其在武术学习中取得更好的效果。利用激励理论,教育者可以设立明确的学习目标,并为学生提供及时的反馈,有助于激发学生的学习兴趣,让他们更清晰地了解自己的学习进展,从而更有动力地投入学习中。结合社会文化理论,教育者可以通过促进学生之间的团队协作,分享经验和技能。小组内的社会化过程有助于学生在合作中共同建构对武术的理解,提高团队协作的效能。借助社会文化理论,教育者可以创造积极的学习社会环境,激发学生的学习兴趣。通过与其他武术爱好者、老师和教练的积极互动,学生能够更好地融入武术学习的社会文化圈,感受到来自社会环境的正面激励。

三、学生综合素质发展

该理论框架旨在培养学生的实际应用能力、团队协作精神、个性化学习兴趣等方面。通过综合素质的培养,学生能够更全面、更灵活地运用所学的武术技能。通过情境学习理论,理论框架强调将武术技能与实际应用场景相结合。学生在模拟的实战环境中进行练习,更容易理解技能在实际情境中的应用,提高在真实环境中的反应能力和实战水平。

---

[1] 宋友飞.文化传承视域下高校武术教学创新模式研究[J].武当,2023(6):79-81.

四、提升学习动机

激励理论在框架中的应用有助于提高学生的学习动机。设立明确的学习目标、提供及时的反馈、激发内在动机等措施有助于激发学生对武术学习的热情和积极性。在"打练合一"教学模式中,教育者可以明确设立每个学习阶段的学习目标,这可以帮助学生清晰了解自己的学习方向和期望达到的水平。明确的目标可以成为学生学习动机的驱动力,激发他们为实现目标而努力奋斗。

在"打练合一"教学模式中,通过实际练习和模拟战斗中的表现,学生可以获得即时的反馈。正面的反馈能够增强学生的学习成就感,激发他们持续学习的意愿。在"打练合一"教学模式中,通过让学生亲身体验武术技能的实际应用,培养他们对武术的内在兴趣。激发内在动机可以使学生更具有学习的主动性和长期性,而不仅仅依赖外在奖励。激励理论提出,人们对于具有挑战性的任务有更强的兴趣和动机。在"打练合一"教学模式中,设立一些具有挑战性的实际应用任务,如模拟复杂战斗场景等,可以激发学生的好奇心和学习兴趣。在教学过程中,引导学生关注那些在武术领域取得成就的正向榜样,可以激发他们对学习的热情。榜样的成功经验可以成为学生追求更高目标的激励源。通过这些激励手段,激励理论在"打练合一"教学模式中有效地促使学生更加积极主动地投入到武术学习中,有助于提高学生的学习效果,推动其在武术领域不断进步。

五、加强社会文化融合

社会文化理论在"打练合一"教学模式的框架中发挥着关键作用,有助于将武术教育融入更广泛的社会文化背景中,培养学生对武术的深刻理解,并促使他们更好地融入武术社群。在"打练合一"教学模式中,通过教授武术的历史渊源、传统文化背景,学生能够更好地理解武术的深厚内涵,体会到武术技能背后蕴含的文化智慧。

在实际的武术练习中,可以模拟不同社会文化背景下的实际应用场景,如模拟不同历史时期的战斗,使学生更深入地感受武术在不同文化环境中的演变和应用。[1] 通过尊重和融合不同武术流派、文化传统,学生能够体验到武术的多样性,培养跨文化的理解和尊重。通过社会文化理论的引导,学生能够更深刻地理解武术技能在社会文化中的价值和认同,可以帮助学生建立对武术的积极态度,并更好地将其融

---

[1] 程传银.发展学生体育学科核心素养的教学论解读[J].沈阳体育学院学报,2019,38(03):1—7.

入自己的生活和身份认同中。在"打练合一"教学模式中，社会文化理论通过强调社会环境对学习动机的影响，促使学生在群体中合作、分享经验，提高团队协作能力，有助于学生更好地融入武术社群，并形成更为有活力的学习氛围。

社会文化理论为"打练合一"教学模式提供了更丰富的教育背景，使学生在武术学习中不仅能够掌握技能，还能够深刻理解武术在社会文化中的重要性，从而更好地融入武术社群，形成更全面的学习体验。在"打练合一"教学模式中，理论框架的重要性在于为教学提供了理论支持，使教学更科学、更具针对性，同时更好地服务于学生的全面发展。

第三节　教学设计与教材编写

在"打练合一"教学模式中，教学设计与教材编写扮演着关键的角色，旨在将武术的理论知识与实际技能练习有机地结合起来，使学生能够全面理解和应用所学的武术技能。这一教学模式的独特之处在于其注重将实际场景融入教学，使学生在学习的同时能够更直观地感受武术的实战价值。

一、教学设计的关键性

教学设计应当精心规划，包括理论知识的传授、实际技能的训练和模拟实战场景的设计。通过设计合理的教学活动，教师可以引导学生逐步深入武术领域，培养其对武术的全面理解和应用能力。

教学设计的第一步是确保学生对武术的理论知识有清晰的认识，包括武术的历史、哲学基础、基本原理等方面的内容。通过课堂讲解、图文并茂的教材及多媒体资源，教师可以帮助学生建立对武术理论框架的整体认知。教学设计还需要注重实际技能的训练，包括基础功夫的练习、武器的使用技巧、身法、步法等。通过系统性的训练计划，学生能够逐步提升他们的武技水平。教师需要设计多样性的练习活动，确保学生在不同方面都能得到充分的锻炼。

"打练合一"教学模式的特点之一是强调实际应用，因此，模拟实战场景是不可或缺的一环。通过设计逼真的实战场景，如模拟比赛、对抗训练、多人攻击等，学生能够在模拟的环境中更好地理解和运用所学的技能。这种设计可以培养学生在真实情境中的应对能力和反应能力。教学设计需要精心组织各种教学活动，确保它们有机地连接在一起，形成系统的教学过程。例如，可以设计一系列渐进式

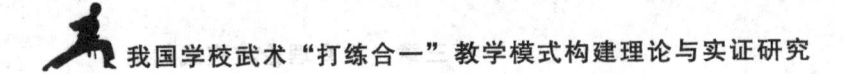

的实践任务，使学生逐步从简单到复杂、从基础到高级地掌握武技。同时，设计团队合作的活动，培养学生在群体环境中的协同效能。教学设计还应当考虑学生的个体差异，为他们提供个性化的学习路径。通过差异化教学策略，教师可以更好地满足学生的需求，让每个学生都能够按照自身的兴趣和水平选择适合的学习方向。

二、教材编写的创新性

为了支持"打练合一"教学模式，教材编写需要具备创新性。教材应当结合最新的武术理论研究，同时注重实际应用场景的呈现。图文并茂的材料、清晰的示范视频等都是提高学生学习兴趣和理解深度的有效手段。

教材应当融入最新的武术理论研究成果，确保学生学习到的内容符合当代武术发展的潮流，包括武术的哲学基础、技术创新、训练方法等方面。教材作者需要对武术领域的前沿知识有敏锐的洞察，将新颖的理论观点融入教材中。教材应当通过实际案例、场景模拟等方式，生动地呈现武术的实际应用场景。例如，可以通过描述真实比赛中的技术运用、实际应对多人攻击的训练过程等，使学生更好地理解武术技能在实战中的运用，有助于增强学生对武术实战的直观认识。教材中的图文资料应当设计得生动有趣，吸引学生的注意力。通过清晰的示意图、详细的解说文字，学生能够更好地理解和模仿技术动作。图文并茂的设计也有助于呈现武术动作的细节和要点，提高学生的学习效果。

在数字化时代，教材编写可以结合示范视频的应用。通过录制专业的武术演示和讲解视频，学生可以直观地观察到正确的动作、姿势和技巧。这种形式的教材设计有助于提高学生对武术技能的模仿和理解水平。教材中应当强调实际操作和练习的重要性，提供详细的练习计划、训练方法，让学生能够通过实际动手操作，逐步提高他们的武技水平。教材应当设计丰富的实践任务，使学生在实际练习中更好地理解和运用所学的知识和技能。教材编写可以考虑提供个性化学习资源，以满足不同学生的学习需求。例如，提供不同难度级别的练习任务、个性化的训练建议，使学生能够根据自身水平和兴趣进行灵活选择。

通过具备以上特点的教材编写，可以更好地支持"打练合一"教学模式，使学生在学习过程中既能够深入理解武术的理论知识，又能够将其灵活应用于实际场景中。这种教材设计有助于提高学生的学习积极性和主动性，促使他们更好地参与到武术学习中。

三、实际场景的模拟

模拟实际场景在武术教学设计中的重要性是不可忽视的,这种教学方法有助于学生更全面、深入地理解武术技能,并提高其实际操作水平。通过在教学中引入比赛场景、多人攻击等模拟环境,学生将能够在更真实的情境中练习和运用所学的武术技能,从而提高实际操作水平。

在模拟的实际场景中,学生面对各种挑战和情境,需要运用并调整所学的武技。这样的练习不仅提高了实际操作水平,加深了对技能的理解,使学生更好地掌握技术要领,还培养学生在真实环境中的反应速度和灵活性。[1]

通过成功地完成模拟实际场景的训练,学生会对自己的技能产生信心,有助于激发学生的学习兴趣,增强其对武术的热情,进而更加积极地投入学习中。

模拟实际场景可以有效地将理论知识与实际操作相结合。学生在模拟中可以实际体验和应用所学的技能,使理论知识更加具体化,有助于加深对知识的印象。模拟实际场景设计生动有趣,能够激发学生的学习兴趣。通过在教学中引入具体的场景,学生更容易投入学习中,提高学习积极性,提升学生之间的团队协作和竞技精神。在模拟比赛中,学生不仅要发挥个人技能,还需要与团队成员协同合作,这有助于培养团队合作意识和集体荣誉感。

在教学设计中,教师可以合理设置模拟实际场景的训练任务,结合不同的情境,让学生在更具挑战性的环境中学习和实践武技。这种方法既能够提高学生的实际操作水平,又能够激发学生对武术学习的热情和主动性。

四、个性化学习路径的设计

每位学生的学习风格和节奏各异,因此,教学设计要考虑到个性化学习路径的设计。灵活的教学方法和多样的教学资源能够满足不同学生的需求,使其能够根据自身兴趣和水平选择适合的学习路径。

个性化学习路径的设计首先要尊重学生的差异性,包括学习风格、兴趣爱好、学科水平等。通过了解每位学生的个性差异,教师可以更有针对性地制订教学计划,满足学生个性化的学习需求。个性化学习路径需要采用灵活的教学方法,教师可以

---

[1] 王玉霞.基于虚拟现实技术的武术训练动作模拟系统设计[J].现代电子技术,2020,43(12):127-129+132.

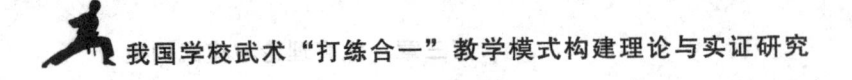

结合学生的兴趣、特长和学科特点,设计多样化的教学活动。例如,对于喜欢竞技的学生可以设置武术比赛,对于偏好团队协作的学生可以组织团队合作活动,以满足不同学生的学习偏好。

提供多样的教学资源是个性化学习路径设计的关键。教材、视频、实际案例等多种资源可以供学生选择,以适应不同学生的学习方式,有助于激发学生的学习兴趣,使其更主动地参与学习。个性化学习路径需要采用差异化的评估方式,教师可根据学生的学习水平和风格设计不同形式的考核或评价。这样能够更公平地评估每位学生的学习表现,避免过于依赖标准化评价而忽略了个体的差异。鼓励学生参与学习路径的决策过程,让他们根据自己的兴趣和目标选择学习内容和方向,有助于激发学生的学习热情,提高学习的积极性。

个性化学习路径需要及时的反馈机制,教师可以通过观察学生的学习表现、听取学生的反馈等方式了解学生的学习状态。根据反馈结果,及时调整个性化学习路径,确保学生在学习过程中得到有效的支持和指导。教师可以通过设计丰富多彩的学习任务,包括技能训练、团队协作、创新能力等,从而全面培养学生的素质。

通过精心设计个性化学习路径,武术教育可以更好地满足学生的差异化需求,提高学生的学习积极性和满意度。这种个性化的设计不仅可以帮助学生在武术领域获得更好的发展,还能够培养其综合素质和自主学习能力。

五、激励机制的设立

在教学设计中,激励机制是不可或缺的一环。通过设立明确的学习目标、提供及时的反馈、鼓励学生展示个人技能等激励手段,有助于激发学生学习的积极性和主动性。

设立明确的学习目标是激励学生的第一步。通过明确目标,学生能够清晰地知道自己的学习方向和期望达到的水平,有助于激发学生的学习动机,使他们更有目标地投入学习。

提供及时的反馈是激励学生的重要手段之一。学生在学习过程中需要知道自己的优势和改进空间,及时的反馈可以帮助他们调整学习策略,提高学习效果。同时,积极的反馈也能增强学生学习的自信心,使他们更有动力继续努力。不同学生有不同的激励需求,因此,个性化激励对于激发学生的兴趣和积极性尤为重要。了解学生的兴趣爱好、学科特长等方面,可以采用个性化的激励手段,如针对性的奖励、表扬等,让学生感受到自己的价值和获得成就感。

鼓励学生展示个人技能是一种有效的激励方式。通过组织武术表演、技能展示等活动，学生有机会展示自己的学习成果，增强自信心。[①] 同时，这也能够激发其他学生的学习兴趣，形成积极向上的学习氛围。挑战性任务能够让学生感到学习的乐趣和成就感，激励他们更加积极地投入到学习中，有助于培养学生的学习热情。学生还可以通过学习成功人士的经验和故事，从中获取激励和启示。建立正向榜样有助于形成学生积极向上的学习态度。通过参与武术比赛、技能大赛等，学生可以在竞争中体验到学习的乐趣和挑战，从而更加努力地提升自己的技能水平。

激励机制的合理运用有助于建立积极的学习氛围，提高学生的学习效果和学习体验。在武术教育中，以上这些激励手段可以通过巧妙的设计融入教学活动中，激发学生对武术学习的兴趣和热情。

在"打练合一"教学模式的实践中，优秀的教学设计与教材编写是推动学生全面发展的关键，能够有效地引导学生在武术学习中获得更为深刻的体验和收获。

---

① 冯爽.体教融合背景下成都高新区中学武术教学优化策略研究［D］.西安体育学院，2023.

第四章 实证研究方法与设计

随着"打练合一"教学模式在武术教育中的引入,我们迫切需要通过实证研究来深入了解这一模式对学生学习效果、技能提升,以及整体教学体验的影响。本研究旨在采用科学的实证研究方法,通过系统性的数据收集和分析,探讨"打练合一"教学模式在武术教育中的实际应用效果。

第一节 研究设计与目标

随着教育理念的演变和对学生全面素质培养的需求不断提升,"打练合一"教学模式作为一种整合理论与实践的新兴教学方式逐渐引起关注。本研究旨在通过科学合理的研究设计,深入探讨并评估"打练合一"教学模式在武术教育中的应用效果,为未来教育改革提供有力的支持。

一、评估学习成绩提升

学习成绩一直以来都是评估教学效果的重要指标之一。本研究旨在通过比较实验组和对照组的学习成绩,深入探究"打练合一"教学模式对学生学科知识掌握程度的影响,从而评估这一教学模式在学术表现方面的优势与挑战。

首先,从参与武术教育的学生中随机挑选两组:一组接受传统教学模式(对照组),另一组采用"打练合一"教学模式(实验组)。在研究开始前,确保实验组和对照组在先前学科知识水平上无显著差异。随后,进行阶段性的学科知识测试,覆盖课程中涉及的各个方面。

设计定期的学习评估,如期中考试和期末考试,以便全面地了解学生在"打练合一"教学模式下的学科学习成绩,并与传统教学模式下的学生成绩进行对比。利用统计方法,分析两组学生的学习成绩数据,关注平均分、学科知识的全面性掌握程度,以及成绩分布的差异。

预计"打练合一"教学模式能够在学习成绩上取得显著提升。由于这一模式注重实际应用与理论相结合,有望激发学生更深入地理解学科知识,并将其运用于实际场景。然而,也需要关注可能出现的挑战,如学生对新教学方式的适应期,以及可能影响学科学习的其他因素。

通过对学习成绩的深入研究,我们将能够更全面地了解"打练合一"教学模式在武术教育中对学生学科知识的掌握程度的影响,为教学改革提供实证支持。

二、探讨技能水平提高

"打练合一"教学模式是一种将武术技能培训与实际应用能力、协作技能相结合的教学方法。通过此模式,研究学生在武技发展方面的情况,包括实际应用能力和协作技能的提高,可以有助于深入了解教学效果和学生的综合发展状况。

实际应用能力是"打练合一"教学模式的一个关键要素。传统的武术教学往往注重形式和套路的练习,但这并不一定能够在实际应用中发挥最大的效果。通过"打练合一"教学模式,学生不仅仅学到了武术的技术动作,还能够在模拟实际场景中应用这些技能。例如,在模拟的自卫场景中,学生可以更好地理解和运用所学的武技,提高在实际生活中自我保护的能力。协作技能的提高也是"打练合一"教学模式的一个重要影响因素。在这种教学模式下,学生通常需要与其他学生进行合作,模拟不同的对战情境。这种协作训练可以培养学生的团队意识、沟通能力和相互信任感,这些都是在实际武术应用中非常重要的因素。

"打练合一"教学模式能够培养学生的反应速度和决策能力。在模拟实际场景中,学生需要根据对手的动作迅速作出反应,并做出正确的决策。这种实战模拟训练可以提高学生在紧急情况下的反应能力,使其能够更好地应对各种意外情况。"打练合一"教学模式对于研究学生在武技发展方面的情况具有积极的影响。通过结合实际应用能力、协作技能的训练,这种教学模式有望培养出更全面、实用的武术人才,使其不仅在技术层面上有所提高,同时在实际应用和团队协作方面也更为出色。

三、调查学生的学习态度与动机

通过学生问卷和访谈等方式深入了解学生对"打练合一"教学模式的态度、兴趣,以及学习动机的变化,可以为教学改进和个性化教育提供重要的参考。学生在"打练合一"教学模式中会体验到更富挑战性和实际应用性的学习过程,从而激发积极的学习态度。他们更愿意参与课堂活动,因为这种模式使得学习更加生动有趣。

通过实际应用和模拟情境的学习,学生对武技的应用产生更浓厚的兴趣。这种实践性的学习方式使学生更容易理解和接受教学内容。

"打练合一"教学模式注重实际应用,有助于激发学生的学习动机。学生更容易看到所学武技在实际生活中的价值,从而更有动力去深入学习。

通过问卷和访谈,可以深入了解学生的个性化需求和学习差异,有助于教师为不同学生提供个性化的学习支持,使得"打练合一"教学模式更适应不同学生的学习风格和兴趣。学生的反馈是教学改进的关键。通过问卷和访谈,教师可以了解学生对"打练合一"教学模式的反馈,从而根据学生的需求和建议进行及时的调整和改进。

四、分析团队协作效果

考察学生在模拟实战场景中的团队协作能力,可以为评估"打练合一"教学模式对学生团队意识的培养效果提供重要信息。通过模拟实战场景,学生能够在协同作战中体验到团队合作的重要性,能够培养学生的团队协作意识,使其在未来的团队工作中更加游刃有余。

在"打练合一"教学模式下,学生通常需要扮演不同的角色,模拟实际战斗中的合作与配合,可以培养学生分工合作的能力,使他们了解每个成员的责任,从而更好地完成团队任务。

实战场景中通常有一个共同的目标,如完成某项任务或对抗虚拟对手。通过追求共同目标,学生能够理解团队协作的必要性,形成集体责任感,增强彼此之间的信任感和合作精神。在模拟实战中,实时沟通对于团队的成功至关重要。学生需要学会清晰、迅速地与团队成员进行沟通,分享信息、制定战术,以便更有效地协同行动,有助于培养学生在紧急情况下的协同应对能力。

通过"打练合一"教学模式的训练,学生会体验到团队共同努力的动力和团结感。在实际战斗模拟中,学生会更加依赖彼此,形成紧密的团队关系,有助于培养学生的集体荣誉感和共同成就感。"打练合一"教学模式为学生提供了反思和改进的机会。通过分析团队在模拟实战中的表现,学生可以发现团队合作的优势和不足,从而有针对性地进行改进和提升。

五、实际应用场景评估

通过模拟实际应用场景研究学生在真实环境中对武技的应用情况,可以有效验证

"打练合一"教学模式在实际场景中的可行性。[①]"打练合一"教学模式的核心理念之一,就是将武术技能应用于实际场景。通过模拟实际应用情境,学生可以在更真实的环境中练习和应用所学的武术技能,使得学生更容易将理论知识转化为实际操作。

在真实环境中模拟实际应用场景,可以促使学生更加专注和投入,提高其实战技能和反应速度。学生在面对模拟的真实挑战时,需要迅速做出决策和应对对手的行动,这有助于锻炼其在实际情况下的应变能力。在实际应用场景中,学生需要综合运用不同的武术技能,包括攻防、应对不同对手的策略等,有助于培养学生在复杂环境中综合运用技能的能力,使其更具实用性。通过模拟实际应用场景,可以直接观察和考察学生应用武术技能的实际效果,有助于评估学生对所学技能的掌握程度,发现并弥补可能存在的不足之处。

在真实环境中进行模拟实际应用,有助于增强学生的自我保护和安全意识。学生能在模拟场景中学会如何在危险情况下有效地保护自己,这对于培养实际生活中的安全意识具有重要意义。模拟实际应用场景提供了实时反馈的机会。学生能够在实战模拟中收到来自教练和同伴的反馈,有助于及时纠正错误、改进技能,并提高在实际应用中的表现水平。

通过研究学生在真实环境中对武术技能的应用情况,可以充分验证"打练合一"教学模式在实际场景中的可行性。这种验证有助于进一步改进教学模式,确保其更好地满足学生在实际应用中的需求,同时提高学生在武术技能应用方面的实际效果。通过以上研究目标,我们旨在全面了解"打练合一"教学模式在武术教育中的多方面影响,为今后的教育实践提供有实际指导意义的数据支持。

第二节　研究参与者与样本选择

为了深入研究"打练合一"教学模式的效果,我们精心选择了一组参与者,以确保研究的代表性和可靠性。在样本选择过程中,我们考虑到多个因素,包括武术经验水平、年龄、性别、学科背景、学习动机等。以下是关于参与者与样本选择的详细信息。

一、武术经验水平

我们招募了具有不同武术经验水平的学生,包括初学者、中级和高级水平的学

[①] 陈美琴.中小学武术教育步入窘境的思考[J].运动,2011(3):63.

生。这有助于了解"打练合一"教学模式在不同技能水平下的影响,并评估其对各个层次学生的适用性。

对于初学者,"打练合一"教学模式提供了一个全面而渐进的学习环境。初学者面临技能掌握和应用的挑战,而这一教学模式通过对实际应用场景的模拟,使初学者更容易理解和运用武技。他们在模拟实战中体验到技能的实际运用,从而更快地建立信心,激发学习兴趣。中级水平的学生已经具备一定的武术基础,但仍需不断进阶。"打练合一"教学模式可以为中级水平的学生提供更高级的技能应用场景,提升他们在复杂情境中的技能整合和反应速度。这种教学模式可以帮助中级水平的学生更深入地理解武技的应用,培养他们在不同情境下的应变能力。对于高级水平的学生,"打练合一"教学模式提供了更高难度和更复杂的实战模拟,有助于提升他们的极限并深化技能。高级水平的学生在这一教学环境中更多地扮演领导角色,引领团队在实际应用场景中协同作战。

有了初学者、中级和高级水平学生的参与,我们能够全面评估"打练合一"教学模式在不同层次学生中的适用性。这种综合评估有助于了解教学模式对于不同技能水平学生的影响,为个性化教学和进一步改进提供有力的依据。通过招募具有不同武术经验水平的学生,能够深入探讨"打练合一"教学模式在各个层次学生中的教学效果。这有助于教育者更好地理解学生在不同技能水平下的需求,以为武术教育提供更为差异化和有效的培训方法。

二、年龄和性别

样本中包含了不同年龄段和性别的学生,以确保研究结果的普适性。这种多样性有助于理解"打练合一"教学模式对不同年龄和性别群体的教学效果是否存在差异。通过包含不同年龄段和性别的学生,研究能够深入了解"打练合一"教学模式在不同群体中的教学效果是否存在差异。不同年龄段和性别的学生可能在学习风格、动机和反应上有所不同,因此研究能够揭示这些差异,有助于制定更加差异化的教学策略。

教育研究强调教学方法的适应性和普适性。通过考虑不同年龄和性别的群体,研究结果能够反映"打练合一"教学模式的普适性,即其在不同年龄段和性别中的适用性。这对于该教学模式的广泛应用和推广具有重要价值。不同年龄段的学生可能有不同的学习需求和心理发展特征。年轻学生可能更注重身体协调和基础技能的发展,而成年学生可能更注重战术思维和实际应用。研究通过分层分析可以揭示这些差异,为个性化教学提供指导。

"打练合一"教学模式注重团队协作，而不同性别的学生可能在协作风格和角色分工上存在差异。通过研究性别差异，我们能够了解该模式对于男女学生的团队协作能力培养的影响，以及如何更好地促使性别差异的协同工作。教学模式的包容性是评估其成功的重要标准。通过研究不同年龄段和性别学生的反馈，可以发现可能存在的偏好或挑战，有助于改进模式以使其更具包容性。这有助于确保所有学生都能够从"打练合一"教学模式中受益。

通过这种多样性的样本选择，研究能够更全面、细致地评估"打练合一"教学模式对于不同年龄和性别群体学生的影响，为个性化和差异化的教学提供深刻的见解。这样的研究设计有助于确保教学模式在实践中更加全面、平衡地满足学生的多元需求。

三、学科背景

参与者来自不同学科背景，包括体育、心理学、社会学等。这样的多元学科背景有助于评估"打练合一"教学模式对不同学科背景学生的适用性，并了解他们在教学过程中可能表现出的特殊特征。

不同学科背景的学生可能带有不同的专业技能和思维方式。体育专业的学生可能更注重身体协调和运动技能，而心理学和社会学专业的学生可能更关注心理因素和社会影响。通过这种多元学科背景，研究能够综合评估"打练合一"教学模式对于不同技能领域学生的适用性。

"打练合一"教学模式强调团队合作，而不同学科背景的学生有助于形成跨学科的合作。他们能够将各自的专业知识带入协同工作中，促进不同领域的理解和合作。这对于培养学生在实际应用场景中的综合能力非常重要。

不同学科背景的学生可能在教学过程中表现出特殊的特征。例如，心理学专业的学生可能更注重情绪管理和心理调适，而社会学专业的学生可能更关注群体行为和文化差异。通过观察和了解这些特殊特征，研究可以为个性化的教学和支持提供指导。"打练合一"教学模式的设计注重实际应用，不同学科背景的学生可以在实际场景中将自己的专业知识应用到实践中。这有助于他们更好地理解武技在不同领域的应用，同时也促使学生将理论知识转化为实际行动。

多元学科背景的学生在"打练合一"教学模式的学习环境中有机会相互交流和学习。这种学科交流有助于拓宽学生的视野，增强他们对不同领域的理解，并促进跨学科思维的发展。通过引入来自不同学科背景的参与者，研究可以更全面地了解其对于不同领域学生的影响。这样的设计有助于发现该教学模式的潜在优势和潜在

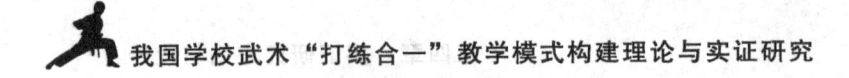

挑战，为提高其适用性和可持续性提供有益的洞察。

四、学习动机

我们对参与者的学习动机进行了调查，以了解他们参与"打练合一"教学模式的原因、期望和个人目标。这有助于分析学生在教学过程中的积极性和推动力，从而更好地理解他们的学习体验。

通过了解参与者的学习动机，研究者可以为个性化教学提供有针对性的指导。不同学生可能有不同的学习动机，一些可能更注重实际应用技能，而另一些可能更关心团队合作或身体健康。这样的洞察力有助于定制教学策略，使之更符合学生的个体需求和期望。了解学生的学习动机有助于激发他们的学习积极性。如果学生知道"打练合一"教学模式与他们的个人兴趣和目标相符，那么他们会更加积极地投入学习，更有动力克服困难，从而取得更好的学习效果。

学生的学习动机可以为研究者提供关于"打练合一"教学模式吸引力和实用性的反馈。如果学生的学习动机与该模式设计的目标相符，这意味着模式对于激发学生兴趣和积极性是有效的。反之，如果存在差异，这可能需要进一步调整教学设计，以更好地满足学生的期望。学习动机调查提供了深入了解学生参与"打练合一"教学模式的期望和目标的机会。有的学生可能期望提升自己的自卫技能，而另一些可能看重团队合作能力的培养。了解这些期望有助于教育者更好地调整教学内容，使之更符合学生的个人目标。

学习动机调查可以帮助教育者更好地调整教学策略和设定学习目标。如果大多数学生的动机是提高实际应用能力，那么教学可以更注重实战模拟。反之，如果学生更看重身体健康，可以加强与健身有关的元素。这有助于确保"打练合一"教学模式的目标与学生的期望相契合。

通过学习动机调查，研究者可以更全面地了解参与者的期望、目标和动机，为"打练合一"教学模式的改进和个性化教学提供有力支持，使教学更符合学生的需求，增强其学习体验。

五、团队合作经验

由于"打练合一"教学模式强调团队合作，我们需确保样本中包含有不同团队合作经验的学生。这有助于评估该教学模式对团队合作能力的培养效果，并了解学生在团队环境中的互动和沟通方式。

样本中包含有不同团队合作经验的学生，有助于研究者全面评估"打练合一"教学模式对团队合作能力的培养效果。通过观察学生在模拟实际应用场景中的团队合作表现，可以更准确地了解该教学模式对于团队合作技能的影响。不同团队合作经验的学生可能在合作中表现出不同的动态和角色分工。一些学生可能已经培养了较强的领导力，而另一些可能更善于执行任务。通过分析这些特殊动态，研究者能够更好地了解"打练合一"教学模式在塑造学生团队合作能力方面的效果。

团队合作经验的差异可能影响学生在团队环境中的互动和沟通方式。一些学生可能更倾向于开放式的讨论和建议，而另一些可能更喜欢通过执行任务的方式进行互动与沟通。通过观察这些互动和沟通方式，研究者可以为团队合作技能的培养提供更为具体的反馈。不同团队合作经验的学生可能在面对团队挑战和问题时展现出不同的动力和解决问题的方式。一些学生可能更擅长发现创新解决方案，而另一些可能更注重团队的凝聚力。通过挖掘这些方面，研究者可以更深入地了解该教学模式对于团队动力和问题解决能力的影响。

不同团队合作经验的学生可能需要不同类型的支持和引导。通过了解他们在团队协作中的优势和不足，教育者可以为个性化教学提供更为具有针对性的依据，帮助学生更好地发挥团队合作潜力。[1]通过确保样本中包含有不同团队合作经验的学生，"打练合一"教学模式的研究可以更全面地了解其对团队合作能力培养的影响，并为教学改进提供有益的洞察。这种考虑有助于使该教学模式更具适应性，更好地满足不同学生的团队合作需求。

通过综合考虑这些因素，我们期望获得关于"打练合一"教学模式为教学所带来的影响的全面、具体和准确的信息。这样的样本选择有助于确保研究结果具有较高的外部有效性，从而使得研究成果更具有实际应用的指导性。

第三节 数据收集工具与程序

为了全面评估"打练合一"教学模式的影响，我们精心设计了一系列数据收集工具和程序，旨在深入了解学生在这一教学环境中的学习体验。这些工具不仅关注学生的武技发展，还聚焦于团队协作、学习动机以及实际应用中的表现。

---

[1] 段丽梅，戴国斌．何为学校体育之身体教育[J]．体育科学，2016，36（11）：12．

一、数据收集工具

（一）学生问卷

通过对问卷数据的深入分析，我们能够更全面、更深入地理解学生对于"打练合一"教学模式的主观感受，为教学改进提供有力支持，同时为模式的未来发展和推广提供有益的见解。

1. 问卷设计的目的

我们设计了这份问卷，旨在深入了解学生对于"打练合一"教学模式的主观感受，包括态度、兴趣、学习动机以及对教学内容的反馈。问卷是一个重要的数据收集工具，通过学生的个人看法和体验，我们能够捕捉到模式在情感、动机和认知层面上的影响。

2. 问卷内容的涵盖范围

学生对"打练合一"教学模式的态度，包括是否对这种教学方法抱有积极态度，以及期望通过这种方式学到什么。考察学生对武术和团队协作的兴趣水平，以及他们在模式中的参与程度，是否愿意主动参与教学活动。探究学生参与"打练合一"教学模式的内在动机，了解他们学习的目标、动机和期望。收集学生对具体教学内容、实际应用场景和团队合作的反馈，以便深入了解哪些方面受到学生青睐，哪些方面可能需要改进。

3. 问卷设计的原则

包含开放性问题，鼓励学生自由表达他们的看法和感受，避免仅仅通过封闭性问题限制学生回答的范围，以保证多元的观点。使用量表测量学生的态度、兴趣和动机，以提供具体的定量数据，方便进行统计分析和比较。在反馈问题中引入具体案例，以便学生更具体地描述他们在实际应用中的体验，为定性分析提供更为详实的资料。

4. 定性分析的步骤

对开放性问题的回答进行主题提炼，归纳出学生在态度、兴趣、学习动机和反馈中涉及的主要主题。分析学生表达的情感色彩，了解他们对教学模式的喜好、厌恶或期待,揭示模式对情感层面的影响。关注学生之间的个体差异,探究不同类型学生对"打练合一"教学模式的适应性,以更全面地理解模式在不同群体中的应用效果。

(二)实际应用场景模拟观察表

观察表用于记录学生在实际应用场景中的表现,包括技能运用、团队协作以及问题解决能力。观察表以定量和定性数据为基础,为研究者提供全面的观察和评估。

1. 观察表的目的

实际应用场景模拟观察表是为了全面记录学生在"打练合一"教学模式下实际应用中的表现。这包括技能运用、团队协作和问题解决能力,旨在为研究者提供深刻而全面的观察数据,用以综合评估教学模式的应用效果。

2. 观察项目的涵盖范围

记录学生在实际应用中武技的具体表现,包括动作的准确性、流畅性以及对实际场景的适应能力。观察学生在团队环境中的协作程度,包括沟通、协调和相互支持的表现,以及是否能够有效地运用团队资源。记录学生在面对实际场景中的挑战时的反应和解决问题的能力,包括创新性思维和团队共同努力的体现。

3. 观察表的设计原则

观察表中包含具体而可测量的行为描述,以确保研究者对于学生表现的观察是客观和具体的。观察表配备有明确的评分标准,以便研究者对于每一项观察项目能够进行客观、一致的评分。观察表不仅关注单一方面,而且通过综合评估技能运用、团队合作和问题解决能力,为研究者提供全面的学生表现画面。

4. 观察表的定量和定性数据

针对技能运用等可量化的项目,使用评分体系进行定量记录,以便进行统计分析和趋势识别。对于团队合作和问题解决能力等较为主观的项目,通过描述性语言和关键词提取,为定性分析提供基础。

5. 综合评估的步骤

对观察表中的数据进行整理和编码,以建立清晰的数据档案。通过分析学生在不同项目上的表现,发现可能存在的模式和趋势,例如,技能运用与团队合作的相互影响。对于不同学生群体之间的表现差异进行分析，例如，不同技能水平或团队经验的学生之间的差异。根据观察表的综合评估，提出实际建议，用以改进教学模式或个别学生的表现。通过这一全面设计的实际应用场景模拟观察表，研究者能够在真实环境中捕捉到学生的多方面表现，为对"打练合一"教学模式的效果进行深入综合评估提供可靠的数据支持。

（三）访谈指南

我们将进行学生访谈，以深入了解他们对"打练合一"教学模式的深层次认知和感受。访谈将聚焦于个体学习历程、团队协作体验和实际应用的挑战与收获。

1. 访谈设计的目的

学生访谈是为了在"打练合一"教学模式研究中深入了解学生的深层次认知和感受。访谈旨在揭示学生的个体学习历程、团队合作体验以及在实际应用中的挑战与收获，提供定性数据。

2. 访谈主要关注点

通过探讨学生的个体学习历程，了解他们在"打练合一"教学模式下技能发展、自我认知和学习态度的变化。关注学生在团队中的体验，探讨团队协作中的角色分工、沟通方式以及协同努力中的协作难题。探讨学生在实际应用场景中面临的挑战，以及他们从中获得的经验和收获，包括问题解决的策略和个人成长。

3. 访谈设计的原则

访谈问题设计为开放性，鼓励学生自由表达，以便获取更为深刻的见解和真实的感受。

问题的设置层层递进，从个体学习历程逐步深入到团队合作和实际应用经验，以确保访谈的深度和全面性。引导学生表达他们的情感体验，包括喜悦、失望等，以便获取更为丰富的情感信息。

4. 访谈过程的灵活性

针对学生的回答，采取深入追问的方式，以便更深层次地挖掘他们的观点和体验。考虑到学生个体差异，访谈过程中灵活调整问题，确保能够覆盖不同学生在模式中的个体体验。

5. 访谈数据的综合分析

对访谈数据进行主题提炼，归纳出学生共同关注的主题和问题，以及不同学生的个体差异。分析学生在访谈中表达的情感，以了解他们对"打练合一"教学模式的情感投射和态度。从访谈中提取关于实际应用场景的反馈，以深入了解学生在真实环境中的挑战和学习体验。通过这一深度设计的学生访谈，研究者能够更全面、更深入地了解学生对"打练合一"教学模式的认知和感受，为研究提供丰富的定性数据，丰富教学模式的理论基础。

二、数据收集程序

（一）招募与入组

招募来自不同年级、专业和技能水平的学生参与研究是一项非常重要的决策，它有助于确保研究结果的广泛适用性和外部有效性。通过招募来自不同年级的学生，可以确保研究样本更具代表性，能够清楚地反映整个学生群体的多样性。不同年级的学生可能有不同的经历、需求和期望，因此将他们纳入研究可以更全面地了解特定现象或问题。

招募不同专业背景的学生有助于确保研究结果在不同学科领域都具有适用性。不同专业的学生可能对特定问题有不同的见解和经验，这有助于从多个角度审视研究主题，从而增加研究的深度和广度。考虑到技能水平的不同，可以更好地理解不同学生群体在特定任务或情境下的表现。这可以帮助研究者更全面地评估实验结果，并提供更准确的结论，从而增加研究的科学价值。详细的入组程序可以确保样本的多样性，而不仅仅是在表面上的差异。这包括基于学科、年级和技能水平的标准，以确保每个参与者在研究中都能提供独特的贡献。研究者的目标是获得具有广泛适用性的结果，使研究成果不仅在学术界，还在实际应用中具有价值。通过招募多样化的学生样本，可以增加研究的外部有效性，使得研究结果更有可能在不同群体和环境中获得推广应用。

招募不同年级、专业和技能水平的学生有助于建立更全面、多样化的研究样本，提高研究的可信度和适用性。这样的方法可以更好地理解复杂的现象，并为未来的研究和实践提供更有深度的见解。

（二）教学实施与实战模拟

"打练合一"教学模式是一种融合实战模拟和综合性技能培训的教育方法，通过在真实环境中模拟多种实战场景，注重技能训练和团队协作培养，以确保学生在教学过程中获得全面的经验。

通过模拟实际场景，学生将能够应对各种复杂的情境，从而全面发展技能。这种实际应用有助于将课堂理论与实际操作相结合，提高学生的综合素质。实际应用场景能够培养学生在面对未知或紧急情况时的应变能力，使其具备更强大的解决问题能力。通过模拟多种实战场景，可以确保学生面对不同领域和复杂性的挑战，使其更具适应性和灵活性。学生将在真实环境中应用他们在课堂上学到的知识和技能，既能够进一步加深理解，还能够提升学习的实效性。

技能训练是实际操作的一部分，通过在模拟环境中重复练习，学生能够更好地掌握和应用所学技能。在实际场景中，学生将与同学合作，培养团队合作技能。这对于许多职业来说是至关重要的，因为在职场中团队合作是取得成功的重要因素。一些场景可能涉及领导和协调团队的任务，这有助于培养学生的领导力和团队管理技能。通过"打练合一"教学模式，学生将更好地做好进入职场的准备。他们不仅具备了丰富理论知识，还有实际操作经验，提高了职业竞争力。

总而言之，在真实环境中获得的成功经验有助于培养学生的自信心，使他们更愿意接受新的挑战和机遇。

（三）数据收集阶段

收集学生数据是评估"打练合一"教学模式效果的关键步骤之一。结合设计好的问卷、观察表和访谈指南，可以获取丰富的定量和定性数据，从而深入分析该教学模式的影响。确保问卷明确定义了研究的目标和关键指标。例如，可以包括学生对"打练合一"教学模式的满意度、学习成效、技能提升等方面的评估项。设计量表以测量学生对不同方面的看法。这可以包括满意度量表、技能提升量表等，以便定量分析学生的整体感受和表现。设计观察表时，明确关注"打练合一"教学模式中的关键要素，例如，学生之间的互动、实际操作的执行情况等。这有助于系统地记录教学过程中的重要观察点。除了定量数据，观察表也可以记录研究者的定性观察，例如，学生的表现是否展现出深度学习、创造性解决问题等方面的特征。访谈指南应包含一系列开放性问题，以便获取学生对"打练合一"教学模式更深层次的见解。这些问题可以涉及他们的学习体验、困难与挑战以及模式对于实际应用的影响等方面。确保访谈对象涵盖了不同年级、专业和技能水平的学生,以获取多角度的观点,从而增强研究的综合性。

将定量和定性数据进行混合研究,以获取更全面的理解。可以使用统计方法对问卷数据进行量化分析,同时通过对观察和访谈数据的质性分析,深入挖掘该教学模式的应用效果。通过对比不同数据源的结果,可以进行交叉验证,增加研究结论的可信度和准确性。在数据收集的同时,建立学生反馈机制,收集他们对该教学模式的实时反馈。这有助于及时发现问题并进行改进。利用收集到的数据不断改进"打练合一"教学模式,使其更符合学生需求和教学目标。

通过综合运用问卷、观察表和访谈指南,可以全面地了解学生对"打练合一"教学模式的认知、感受和学习成果,为未来的教学改进提供有力的依据。通过这一综合的数据收集工具和程序,我们期望能够全面、深入地了解"打练合一"教学模式在学生中的影响,从而为教学模式改进和未来的研究提供实质性的见解。

第四节 数据分析与解释方法

数据的分析与解释是我们研究中至关重要的一环,旨在深刻理解"打练合一"教学模式对学生的影响。我们结合定量和定性的数据分析方法,以全面、多维度地呈现研究结果,为进一步的理论推导和实践改进提供可靠依据。

一、数据分析方法

(一)定量数据分析

在"打练合一"教学模式中,我们将使用统计分析方法对问卷和实际应用场景模拟观察表的定量数据进行处理。这包括描述性统计、方差分析和相关性分析等,以揭示不同学生群体之间的显著差异和关联关系。

1. 描述性统计分析

通过计算均值、中位数和众数等中心趋势度量,可以了解学生对"打练合一"教学模式的整体评价,包括满意度、学习效果等。使用标准差或范围等度量,可以评估数据的离散程度,从而了解学生在对该教学模式评价中的一致性或差异性。

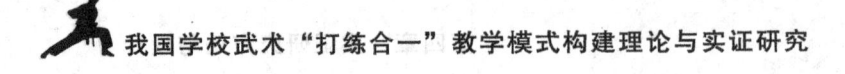

2. 方差分析

通过方差分析，可以比较不同学生群体之间在特定变量上的差异，例如不同年级、专业或技能水平的学生对"打练合一"教学模式的评价是否存在显著性差异。如果有多个影响因素，可以进行多因素方差分析，以更全面地理解不同因素对学生评价的影响。

3. 相关性分析

通过计算相关系数，可以揭示不同变量之间的关联关系。例如，可以分析学生对教学满意度与其实际技能提升之间是否存在显著的正相关性。如果有必要，可以进行回归分析，以探讨某一变量对另一变量的影响程度，并预测学生在特定情境下的表现。

4. 统计显著性和效应量

设置显著性水平，例如 0.05，来判断观察到的差异是否具有统计显著性。这有助于确定差异是否真实存在，而不是由于随机因素导致。计算效应量，例如 Eta-squared 或 Cohen's d，以评估差异的实际大小。这有助于理解差异的实质性、重要性。

5. 子群分析

如果方差分析表明存在显著差异，可以进行进一步的子群分析，以深入了解哪些具体群体对"打练合一"教学模式有更积极的反应，从而更好地满足不同学生的需求。

6. 数据可视化

使用直方图、散点图、箱线图等可视化工具，能够直观地展示不同学生群体的分布情况，帮助研究者和决策者更好地理解数据。通过趋势图，可以观察教学效果随时间的变化所产生的变化，帮助发现可能存在的季节性或阶段性差异。

通过这些统计分析方法，研究者能够深入了解"打练合一"教学模式在不同学生群体中的效果，为教学改进和未来决策提供科学依据。这种方法使研究更加客观、全面，并能够更准确地指导教学实践。

（二）主成分分析

主成分分析（Principal Component Analysis，PCA）是一种多变量统计方法，常用于处理多维度的定性数据，通过提取主成分来减少数据的维度，并揭示数据中的潜在结构。在"打练合一"教学模式中，将主成分分析用于处理学生的访谈反馈，可以帮助提炼关键主题和模式，更好地理解学生的主观体验和认知。

1. 降维处理

学生的访谈反馈可能涉及多个主题、观点和情感。主成分分析能够将这些多维度的数据降维到几个主成分，从而减少数据的复杂性。通过提取主成分，主成分分析帮助识别哪些方面在学生反馈中最具有代表性和解释性，有助于聚焦关键信息。

2. 发现模式和结构

每个主成分都是原始变量的线性组合，其解释了数据中的一部分方差。通过解释主成分的负荷，可以理解每个主成分背后的模式和结构。主成分分析还可以通过分析主成分之间的相关性，发现不同主题之间的关联，从而揭示学生反馈中存在的潜在模式。

3. 主题的提取

通过分析主成分的负荷，可以为每个主成分赋予一个有意义的名字，从而识别出学生反馈中的关键主题。这有助于整理和理解访谈数据。计算每个学生在不同主成分上的得分，可以帮助区分学生在不同主题上的关注程度和反馈倾向。

4. 数据可视化

通过绘制主成分图，可以直观地展示学生反馈在主成分空间中的分布，帮助发现可能存在的群体差异或趋势。Scree 图可以显示每个主成分的贡献程度，帮助确定保留多少主成分，以平衡信息保存和降维的需要。

5. 解释主成分

解释主成分时，要结合原始数据和学生的实际反馈，确保对主成分所代表的主题有深入的理解。将主成分的发现与教学理论或研究假设进行对比，以确保提取的主题与研究问题或教学目标一致。

主成分分析为研究者提供了一种有力的工具，通过对学生访谈反馈的降维处理和模式提取，更好地理解了学生在"打练合一"教学模式中的主观体验和认知，为教学改进和进一步研究提供了深入的洞察。

（三）模式识别和分类分析

模式识别和分类分析是在实际应用场景的观察数据中挖掘学生行为模式的强大方法。通过这些方法，可以识别学生在不同场景中的行为模式，并深入了解"打练合一"教学模式对于学生技能发展的影响。

1. 数据预处理

在进行模式识别和分类分析之前，确保观察数据经过清洗和标准化处理，以消除潜在的噪声和确保数据的可比性。选择与研究目标密切相关的特征，以减少维度和提高模型的解释性。

2. 模式识别方法

使用聚类算法（如 K 均值聚类、层次聚类等）将学生观察数据划分为具有相似特征的群组，识别出潜在的行为模式。通过关联规则挖掘，可以发现不同行为之间的关联性，揭示学生在特定情境中可能表现出的联动行为。

3. 分类分析方法

利用决策树模型，可以根据学生的观察行为特征对其进行分类，以识别不同群体的技能发展趋势。SVM 是一种用于分类和回归分析的强大工具，可以通过构建分类边界来识别学生行为的不同模式。

4. 模型评估和验证

使用交叉验证方法评估模型的性能，确保模型对未见过的数据具有泛化能力。通过混淆矩阵分析模型的准确性、精确度、召回率等指标，评估模型的整体性能。

5. 解释模型结果

对于分类模型，分析特征的重要性，了解哪些观察特征对于区分学生行为模式最为关键。

确保选择的模型具有一定的可解释性，以便从结果中得出有意义的教育和技能发展见解。

6. 挖掘技能发展趋势

如果观察数据包含时间维度，可以利用时间序列分析方法，识别学生技能发展的趋势和模式。比较不同群体或时间点之间的行为模式，有助于发现"打练合一"教学模式在不同条件下产生的影响。根据模式识别和分类分析的结果，提出个性化的教学策略，以更好地满足学生的学习需求和技能发展。

通过模式识别和分类分析，可以深入挖掘"打练合一"教学模式对学生在实际应用场景中的行为模式和技能发展的影响，为个性化教学和教学改进提供有针对性的建议。这样的方法使教育者能够更全面、深入地了解学生的学习过程和技能发展，从而更好地指导未来的教学实践。

二、数据解释方法

（一）比较分析

通过比较不同学生群体、不同学科背景和不同团队合作经验的数据，我们将能够解释"打练合一"教学模式在不同情境下的差异性效果。这种比较分析有助于理解该模式的普适性和特定适应性。

1. 学生群体比较

通过比较不同学生群体，例如不同年级、不同专业的学生，可以了解"打练合一"教学模式对于不同学生群体产生的教学效果是否存在显著差异。

2. 学科背景比较

不同学科的学生可能在特定技能上有不同的基础。比较不同学科的学生在技能转移方面的表现，可以了解"打练合一"教学模式是否对于跨学科技能的发展具有一致的促进作用。分析不同学科的学生在该模式下的学科理解和应用，有助于发现模式在特定学科中的特殊效果。

3. 团队合作经验比较

比较具有不同团队合作经验的学生群体，可以了解"打练合一"教学模式对于团队协作能力的影响。可能一些学生已经有较强的团队合作经验，而另一些学生可能相对较新手。分析不同团队合作经验的学生在团队合作中的互动和动力学，有助于发现该模式对于团队合作氛围和效率的具体影响。

4. 数据分层分析

在比较不同学生群体时,考虑进行数据分层分析,以确保在每个子群体中都有足够的样本量,以获取可靠的比较结果。在比较分析中,控制其他可能影响结果的变量,以确保比较的可靠性和有效性。

5. 模式的普适性和特定适应性

通过比较不同学生群体的数据,可以评估"打练合一"教学模式在整体上的普适性,即其在不同情境下是否都具有一致的积极效果。同时,比较还可以揭示该模式在特定情境下的适应性,即在某些条件下是否表现出更为显著的效果。

6. 理解差异的原因

结合比较分析,进行深入的访谈和定性研究,以了解差异背后的原因。可能有一些背景因素、学科特性或团队动力学等因素解释了不同学生群体的差异。

通过这样的比较分析,研究者可以更全面地理解"打练合一"教学模式在不同情境下的效果,从而提供有针对性的教学建议,并为进一步优化教学模式提供深刻的见解。这种方法有助于实现个性化教学,以更好地满足学生的多样化需求。

(二) 主题分析

主题分析是一种用于梳理和提炼大量文本数据中主要主题和关键见解的方法,对于处理访谈和开放式问卷问题非常有用。通过主题分析,可以深入理解学生对"打练合一"教学模式的主要看法和关键体验,从而更好地把握学生在教学过程中的个体差异和共性。

1. 问题设计与访谈指南

确保访谈和问卷中包含足够的开放式问题,以激发学生自由表达他们的看法和体验。这种问题通常以"请分享您对'打练合一'教学模式的看法"或"您在这个模式中的经历是什么"为例。涵盖不同方面,包括满意度、学习效果、团队合作等,以确保覆盖教学过程中的多个关键方面。

2. 文本数据整理与编码

整理访谈和问卷的文本数据,确保每个回答都能被系统地整理和编码。这可以包括将文本分成段落、句子或主题单位,为后续分析做准备。建立清晰的编码体系,即将不同的主题或见解分配给特定的编码,以便将来可以对这些主题进行定量和定性的分析。

3. 主题分析方法

通过计算关键词的词频,可以初步了解学生在回答问题时提到的最常见的主题或关键词。

通过情感分析工具,可以了解学生回答中包含的情感色彩,以更深入地理解他们的体验是积极的、负面的还是中性的。使用主题建模方法,如 Latent Dirichlet Allocation(LDA)等,可以从大量文本中提取潜在的主题,揭示学生谈论的核心话题。

4. 编码和解释

对文本数据进行编码,将文本与预定义的编码体系相关联,以标识和整理不同的主题。

解释每个编码所代表的主题,并确保理解编码的含义,以便后续的分析和报告。

5. 比较分析

如果有多个群体(例如,不同年级、专业、团队合作经验等),可进行跨群体比较,以发现不同群体之间的主题差异和共性。通过时间或阶段进行趋势分析,观察学生在不同时间点或阶段提到的主题是否发生了变化。

6. 深入访谈和验证

对于特别有趣或不够清晰的主题,可以通过深入访谈或额外的开放式问卷问题来深入理解学生的看法,以获取更全面的信息。验证主题分析的结果,确保它们准确地反映了学生的主要看法和体验。

通过主题分析,研究者可以更全面地理解学生对"打练合一"教学模式的看法,识别共性和差异性,为教学改进提供有针对性的建议。这种方法可以帮助教育者更好地满足学生的需求,提高教学质量。

(三)关联性解释

将定量和定性数据的关联性进行解释,可帮助教育者理解学生在技能发展、团队合作和实际应用中的互动关系。这种关联性解释将为模式的综合效果提供更为深刻的理解。

1. 整合定量和定性数据

确保定量数据和定性数据来自相同的学生群体和相似的教学环境，以便更好地进行关联性分析。如果可能，将定性数据转化为可以量化的指标，以便与定量数据一起分析。

2. 技能发展与定性反馈关联

将学生在技能发展方面的定量测量数据与他们在定性反馈中提到的技能表现进行关联。这有助于了解学生对自己技能水平的认知是否与客观测量相一致。通过分析定性数据中出现的关键词或主题，可以发现学生在技能发展方面的趋势。

3. 团队合作与互动关系

将团队合作的定量评估数据与学生在定性反馈中提到的团队合作体验进行比较。通过这种关联性分析，可以了解学生对团队合作的感受是否与实际表现相符。通过定性数据，可以识别团队合作中的动力学，例如，领导力、沟通效果等，从而更深入地理解影响团队合作的关键因素。

4. 实际应用与反馈关联

将学生在实际应用中的表现与他们在定性反馈中提到的实际应用效果进行关联。这可以揭示学生对自己在实际场景中的表现的主观看法与客观效果之间的关系。通过深入分析定性数据，挖掘学生对实际应用中遇到的挑战、解决问题的策略等方面的见解，为教学改进提供具体建议。

5. 统计分析方法

使用统计方法，如皮尔逊相关系数或斯皮尔曼等级相关系数，来量化定量和定性数据之间的关联程度。如果有多个影响因素，可以使用回归分析方法来探讨其中的因果关系，以识别定量和定性变量之间的复杂关系。

6. 解释差异

通过关联性分析，深入了解定性数据中出现的差异背后的原因。这有助于理解学生在不同情境下的个体差异和共性。

通过将定量和定性数据进行关联性分析，可以更好地呈现"打练合一"教学模式的综合效果。这种综合分析方法有助于揭示学生在教学过程中的复杂互动关系，为个性化教学和教学模式的优化提供深入见解。通过这些综合的数据分析和解释方法，我们旨在为"打练合一"教学模式的实际效果提供全面的解释，从而为未来的教学优化和研究方向的指引提供可靠依据。

第五章 "打练合一"教学模式的实施

"打练合一"教学模式是一种创新型的教学方法,旨在将理论学习与实际应用相结合,为学生提供全面的学习体验。该教学模式的实施,旨在打破传统教学的界限,促使学生在真实场景中应用所学知识,培养跨学科的综合能力和团队协作技能。本章将探讨该教学模式的设计、实施过程以及学生在其中的主要体验和反馈,旨在深入了解该模式对学生技能发展和学习成效的影响。通过对定量和定性数据的分析,我们将揭示学生在技能培养、团队协作和实际应用中的互动关系,以期为今后的教学改革提供有力的参考和建议。

第一节 "打练合一"教学计划的实施步骤

为了创造一种全新的学习体验,我们精心设计了"打练合一"教学计划,旨在让学生在跨学科的知识领域中培养实际应用和团队协作的技能。以下是教学计划的主要实施步骤,以确保学生在这个创新型教育模式中获得最大的收益。

一、需求分析和目标设定

在深入了解学生的需求和教学目标的基础上,确定"打练合一"教学计划的核心目标是确保教育模式能够充分满足学生的实际需求和整体期望。通过开展学生需求调研和个体面谈,可以深入了解学生的兴趣、学科偏好、技能水平和学习风格。这有助于确保教学计划能够切实满足学生的个体差异,提供有针对性的学习体验。

了解学生对不同学科领域的兴趣和发展方向。通过分析他们过去的学科选择、项目参与经历等,确认"打练合一"教学计划中应包含的学科元素,以激发学生的学科热情。评估学生的技能水平,包括学科知识、实际操作技能和团队协作能力。通过这一评估,能够确定"打练合一"教学计划的技能培养目标,并为个性化指导提供基础。

了解学生的学习风格和偏好,包括他们对于理论学习和实际应用的态度,以及个体是否更倾向于独立学习或团队合作。这有助于调整教学方法,提供更符合学生偏好的学习体验。

与学生讨论他们的个人发展目标,包括职业规划、技能提升和学术探索。通过了解学生期望获得什么样的能力和经验,教学计划可以有针对性地促使学生朝着这些目标努力。探讨学生对于教育价值观和期望的看法。了解学生对于团队协作、创新思维和实际应用的认知,以确保"打练合一"教学计划与学生的整体期望保持一致。

将学生的个体需求整合为一个全面的需求分析报告。这份报告成为设计"打练合一"教学计划的基础,确保该计划既照顾到个体差异,又符合整体学生群体的期望。基于学生需求分析的结果,制订明确的教学目标和计划。确保这些目标涵盖了学科知识、实际应用技能和团队协作等多个方面,以全面促进学生的发展。通过深入了解学生需求和教学目标,"打练合一"教学计划能够更好地满足学生的实际需求,为他们提供个性化、有深度的学习体验,从而更好地实现教育目标。

二、设计教学内容和课程结构

在精心设计"打练合一"教学计划的跨学科教学内容时,注重实际应用场景和团队协作任务,是为了确保学生在课程中获得全面的知识和技能。跨学科整合通过整合不同学科的知识,打破传统学科间的界限。这种跨学科整合可以帮助学生形成全面的视野,促使他们将知识应用于真实世界的复杂问题中。

将理论知识与实际应用场景相结合,通过模拟真实世界的问题和挑战,使学生能够将所学知识应用到实际情境中。这种教学方法可以培养学生解决实际问题的能力,并增强他们的实际操作技能。设计以项目为驱动的学习任务,让学生通过参与实际项目来深入学习相关知识和技能。项目的复杂性和真实性可以激发学生的学习兴趣,同时培养他们独立思考和解决问题的能力。

引入案例研究和实践性项目,让学生通过深入分析真实案例,了解问题的背景和复杂性。实践性项目可以使学生在实际操作中不断提升技能,从而更好地理解和掌握所学内容。强调团队协作,设计任务要求学生共同合作解决问题。通过与同学协同工作,学生不仅能够分享不同学科的知识,还能够培养团队协作和沟通技能,增强集体智慧。将教学内容与行业实践紧密结合,邀请行业专业人士参与课程设计和实践指导。学生能够通过与实际行业相关的项目合作,更好地理解职业环境和行业要求。

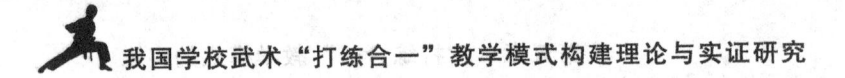

利用模拟场景和角色扮演，让学生置身于特定情境中，通过实际操作体验不同角色的职责和将会面临的挑战。这能够培养学生的实际工作能力和解决问题的灵活性。设计实时反馈和调整机制，确保学生能够不断改进自己的表现。通过教师和同学的反馈，学生能够及时了解自己的不足，并在学习过程中进行调整和改进。

三、学生招募和入组程序

通过严格的入组程序来招募具有不同年级、专业和技能水平的学生，能够创造一个充满多样性的学习环境。在校内外广泛发布招募广告，涵盖不同年级、专业和技能水平的学生。通过各种渠道，包括学校网站、社交媒体和学院通知，确保信息传达给尽可能多的潜在参与者。

要求学生提交申请和简历，详细了解他们的学术背景、技能和兴趣。通过仔细的筛选，确保招募到在不同方面具有独特特质的学生，以促进学习团队的多样性。定期进行面试，了解学生的个性、沟通能力和团队合作潜力。同时，进行技能评估，确保团队成员涵盖了不同领域的专业知识和技能水平。进行兴趣调查，了解学生对于"打练合一"教学模式的兴趣和期望。将学生的个人兴趣和学习目标与教学计划的目标进行匹配，确保他们能够在课程中找到满足自身需求的内容。

进行团队协作能力的评估，以确保学生在团队中有良好的合作和沟通能力。这有助于打造一个具有协同工作潜力的多元团队。组织面向不同专业背景的宣讲会，详细介绍"打练合一"教学模式，并回答学生可能有的疑问。通过这些宣讲会，吸引各个专业领域的学生积极参与。设立入组委员会，由多个教职员工和行业专业人士组成。该委员会负责审查和评估每位申请者，确保招募到的学生团队具有全面的素质和能力。公开透明的选拔标准和过程，确保每个学生都理解入组的要求和标准。这有助于建立公正的选拔机制，让学生能够处在一个开明和公平的环境中。

四、培训教师和指导人员

为教师和指导人员提供专业培训是确保成功实施"打练合一"教学模式的关键步骤。培训开始阶段，教师和指导人员将深入了解"打练合一"教学模式的核心理念，包括跨学科整合、实际应用和团队协作等关键概念。这有助于确保培训对象对教学模式的基本原则有清晰的理解。

提供关于"打练合一"教学模式所需的资源和工具的详细介绍，包括教材、案例研究、实践项目设计等，确保教师和指导人员能够充分利用这些资源来支持学生的学习。培训过程中强调如何在实际教学中灵活应用"打练合一"教学模式。教师和指导人员将学习如何根据学生的个体差异和课程的实际情况,调整教学方法以提供更加个性化的支持。专注于团队协作的培训,强调如何促进学生之间的合作与沟通。培训对象将学习建立有效的团队动态,处理潜在的团队冲突,并提供指导以鼓励集体智慧的发展。

通过分析实际案例研究,教师和指导人员将学习如何将课程内容与真实世界的情境相结合,以提供更具深度和实用性的学习体验。这有助于培养他们设计实际应用性任务的能力。[①]

提供个性化支持的技巧培训,以满足学生多样化的需求。培训对象将学会识别学生的学习风格和需求,为他们提供个性化的指导和反馈。强调实时反馈的重要性,教师和指导人员将学习如何及时发现学生的需求并做出调整。这种灵活性有助于保持教学计划的实时适应性。为教师和指导人员提供行业导向的培训,使他们了解行业最新趋势和要求。这有助于确保教学内容与实际职业需求保持一致,提升学生的职业竞争力。强调培养学生创新思维和解决问题能力的重要性。教师和指导人员将学习如何激发学生的创造力,鼓励他们独立思考并提出解决方案。

五、学生项目选择和方向确定

让学生根据个人兴趣和目标选择适合自己的项目,以及为学生提供指导,以确保每个学生都能找到最适合他们的学习方向是"打练合一"教学模式的关键特点之一。在教学计划开始实施之前,进行一次兴趣调查,了解学生的兴趣领域和学习目标,使教师和指导人员能够更好地了解学生的兴趣和职业规划。

创建一个丰富多样的项目库,涵盖不同学科领域和实际应用场景。这个项目库包括各种项目类型,从实践性项目到理论研究,以满足学生各种兴趣和学科偏好。在学期初,为学生提供个性化的项目选择辅导。通过面谈和评估,教师和指导人员可以帮助学生厘清他们的兴趣,并根据目标提供相关项目的建议。定期组织专业领域导师支持会议,让学生有机会与在相关领域有经验的导师进行交流。这有助于学生更深入地了解专业领域,从而更好地选择适合自己兴趣和能力的项目。

在学期初或中期,组织项目介绍和展示会。在这个活动中,学生有机会了解各种项目,与项目负责人和导师互动,从而更好地了解项目的内容和要求。定期评估学生参与的项目,确保它们仍然符合学生的兴趣和学术目标。如果学生的兴趣发生

---

① 杨建营. 普通学校武术教育改革理念探析 [J]. 沈阳体育学院学报 2016,35 (4): 128—133.

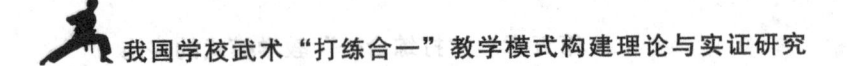

变化或者他们希望调整方向，提供灵活性，支持他们更换或调整项目。与学生共同制订学习规划和目标设定。通过指导学生设定短期和长期目标，确保他们的项目选择与其整体学习发展方向相一致。建立定期反馈和支持机制，让学生能够分享他们在项目中的经验，提出问题，并获得指导。这有助于及时发现潜在问题并提供支持。

通过这一过程，学生能够更加主动地参与自己学习方向的选择，从而更全面地发展他们的兴趣和技能。同时，个性化的指导和支持确保每个学生都能够在"打练合一"教学模式中找到最适合他们的学习方向。这有助于激发学生学习的主动性和热情。这些步骤将为我们的学生创造一个全新的学习体验，使他们能够在实际应用中发展出色的技能，并通过团队协作培养出全面的视野。我们期待着在这个激动人心的教育旅程中，学生能够迎接新的挑战，实现个人和团队的共同成长。

第二节　学校武术课程的"打练合一"教学实践

在学校的武术课程中，"打练合一"教学模式的应用不仅代表着武术技能的传授，更是一个融合了多学科、实际应用和团队协作的全新学习实践。我们相信，通过将武术与其他学科领域相结合，可以为学生提供更为综合和深入的武术教育，使他们在成为一名出色武者的同时，更是具备广博知识和团队协作精神的个体。

一、跨学科整合

将武术融入多个学科领域是"打练合一"教学模式的核心之一，这种整合不仅拓宽了学生的学科视野，还提升了他们对武术的全面理解。通过历史课程，学生能够深入了解不同武术风格的起源、发展和演变。同时，了解武术的历史发展脉络，学生可以更好地理解各种技术和动作背后的文化、传统以及历史背景。这有助于培养学生对武术的文化敏感性和历史意识。

武术常常伴随着深刻的哲学思考和文学表达。通过将武术融入相关的文学和哲学课程，学生有机会阅读和分析武术经典著作，深入探讨武术与生活、道德和人性的关系。这种结合有助于培养学生的思辨能力和文学鉴赏能力。生物学课程为学生提供了深入了解身体运动和肌肉结构知识的机会。通过学习生物学，学生可以更全面地理解武术动作是如何影响身体的各个方面的，从而更有针对性地进行训练和技术提升。这种生物学角度的整合可以有效提高学生对身体机能的认知。

武术的技术动作往往涉及数学和物理原理。通过数学和物理知识的运用，学生可以掌握如何优化动作的力学技巧,理解击打、踢腿等动作背后的数学和物理规律。这有助于提高学生对运动力学的理解和运用。武术不仅考验身体力量,还涉及心理素质和人类行为。通过整合心理学和人类行为学的内容,学生可以学习如何管理情绪、增强意志力,以及理解对手的行为模式。这种整合有助于培养学生的心理韧性和战略思维。

二、实际应用场景

学生参与模拟战术演练,模仿真实的战斗场景,从而在相对安全的环境中体验武术技能的实际运用。这样的演练包括面对多个对手、模拟各种攻击和防御情境,使学生能够在模拟中逐渐熟悉并运用武术技能。

通过实际场景的模拟,学生需要在瞬息万变的环境中做出快速而明智的决策。这培养了学生实际问题解决的能力,包括判断形势、制定战略、调整战术等方面的技能。这种实际问题解决的能力的培养能够提高学生在真实环境中的适应性和应变能力。模拟战术演练不仅注重个体技能的发挥,还强调团队合作。通过战术演练学生能够学会如何与队友协同作战,制定共同战略,共同应对对手的攻击。

除此之外,在模拟战术演练中,提供实时反馈是至关重要的。学生可以立即了解自己的表现,包括优点和需要改进的地方。这有助于他们在实践中不断调整和改进,提高武术技能的实际应用水平。[①] 模拟战术演练强调情感知和应变能力。学生需要敏锐地感知环境变化,根据实际情况及时做出决策。这培养了学生在复杂、多变环境下的灵活性和应变性。通过模拟战术演练,学生能够在相对真实的环境中经历身体和情感上的压力。这样的情感体验不仅加深了学生对武术技能的理解,还增强了学生的自信心和应对挑战的勇气。

三、实时反馈和调整

提供实时反馈机制和个性化指导是"打练合一"教学模式的重要特点之一,特别在武术课程中,这种机制可以帮助学生及时了解自己的表现,并通过个性化的指导来实现更有针对性的提高。

利用技术工具和教师的观察,为学生提供即时的武术表现反馈。这可以通过录

---

① 刘文武.传统武术进入我国学校系统的必要性及其途径研究[J].北京体育大学学报,2013,36(1):97—101.

像回放、实时评分系统或教师直接观察等方式实现。实时反馈有助于学生及时发现自己的强项和需改进点,增强学习的即时性和实效性。针对每个学生的特点和需求,提供个性化的指导。不同学生在武术技能上可能有不同的挑战和优势,因此,个性化的指导可以更精准地帮助学生改进。这包括专门设计的训练计划、定制的技能提升方案等。

帮助学生设定个人发展目标,并通过实时反馈机制对目标的达成情况进行跟踪。这样的跟踪系统有助于学生了解自己在武术技能上的进步,同时也为教师提供了有效的数据基础,以更好地调整个性化指导方案。除了技术性的反馈,还提供情感上的支持和激励。学习武术是一个具有挑战性的过程,情感上的支持可以帮助学生克服困难,保持学习的积极性。鼓励和正面的激励对于提高学生的自信心和动力非常重要。

定期组织反馈会话和讨论,让学生与教师共同分析武术表现。这种双向的交流有助于促进理解,学生可以提出问题、分享心得,教师则能够更深入地了解学生的需求和挑战。基于实时反馈和个性化指导,灵活调整教学计划。不同学生的发展速度和需求各异,教师需根据实际情况对教学计划进行调整,确保每个学生都得到最大程度的支持和帮助。

四、学习规划和目标设定

与学生共同制订学习规划和目标设定是实施"打练合一"教学模式的关键因素之一。在武术课程中,这不仅关注武术技能的提升,更着眼于将武术与其他学科领域相结合,为学生未来的职业规划奠定基础。

通过与学生共同制订学习规划,教学过程更具参与性和个性化。学生可以参与讨论制订课程目标、时间安排以及期望的技能提升方向。这种共同决策的过程有助于提高学生的学习动力和责任感。与学生一同设定跨学科目标,鼓励他们思考如何将武术与其他学科相结合,这可以包括历史、哲学、心理学等多个领域。通过设定这样的目标,学生在学习和职业方向上都能够更全面地发展。

鼓励学生思考将武术技能融入未来职业规划。这可以通过与学生讨论武术与特定职业的关联性,或者探讨武术如何培养一些通用的职场技能,如领导力、团队协作和应变能力等。分享实际应用案例,向学生展示武术在不同领域的成功应用。这可以包括武术教练、武术表演者、武术治疗师等各种职业。通过这些案例,学生能够更清晰地了解武术技能对于个人职业发展的潜在影响。

通过项目式学习和实践经验,促使学生将武术与其他学科知识相结合。例如,设计一个关于武术历史的研究项目，或者组织一个结合武术和表演艺术的实际演出。这样的实践经验有助于学生更深入地理解武术的多面性。建立导师制度，为学生提供个性化的职业规划指导。导师可以根据学生的兴趣和目标，提供相关领域的建议和资源，帮助他们更好地规划未来的职业道路。强调终身学习的理念，鼓励学生不断拓展自己的知识领域，保持对不同学科的兴趣。这有助于培养学生在职业生涯中持续学习和适应变化的能力。

五、个性化项目选择

学生根据个人兴趣和目标选择适合自己的武术项目是实施"打练合一"教学模式的关键。这种个性化的选择能够激发学生的学习兴趣，满足个体的发展需求，提供丰富多样的武术项目，涵盖不同风格和技巧，包括太极拳、拳击、柔道、空手道等。学生可以根据自己的兴趣和偏好选择适合自己的武术项目，从而在个性化的学习中获得更大的动力。

设立专业的咨询和指导服务，帮助学生了解不同武术项目的特点和适用场景。通过与专业教练或导师的沟通，学生可以得到关于各种武术项目的个性化建议，以便更好地匹配个人的兴趣和目标。提供灵活的学习计划，使学生能够根据自己的时间和能力选择适合的武术项目。这种灵活性可以促使学生更加主动地参与学习，从而提高学习的积极性和效果。引入项目导向的学习体验，让学生在所选择的武术项目中参与实际项目和任务。这种实践经验不仅有助于学生提高技能水平，还能让学生更深入地体验所学武术项目的实际应用，激发学习的深度和广度。

与学生一同设定学习目标，根据个体兴趣和发展需求制订个性化的学习计划。这种共同设定目标的方式有助于学生更好地理解自己的学习方向，提高目标实现的动力。创造社群和合作的机会，让学生有机会在团队或小组中共同学习。通过分享经验、互相激励，学生能够更全面地发展，并在合作中培养出更强的团队协作和沟通能力。定期进行评估，了解学生在所选择的武术项目中的进展和需求。根据评估结果，进行有针对性的调整，确保学生能够持续受益于个性化的学习体验。

六、实际案例研究

引入实际案例研究，让学生通过深入分析真实武术场景，了解不同战术的应用。这有助于学生更深入地理解武术的实际应用和培养策略性思维。选择多样性的实际武术案例，涵盖不同武术风格和场景，包括历史上的著名武术对决、现代武术比赛、

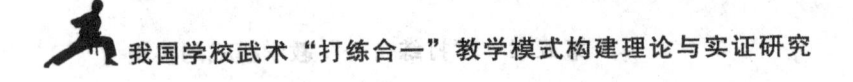

实际自卫情境等。通过多样性的案例，学生能够深入了解武术的广泛应用领域。

引导学生进行深入的战术分析，探讨在不同场景中使用何种武术技巧更为有效。通过分析案例，学生将培养在实际情境中做出决策和执行战术的能力，提高策略性思维水平。在课程中模拟实践场景，让学生根据分析的案例进行实际模拟，包括模拟比赛、自卫演练或团队协作项目。通过实际模拟，学生能够将理论知识转化为实际技能，并更深刻地理解不同战术的应用。

将案例研究作为团队合作的一部分，鼓励学生共同讨论并制订解决方案。在团队中，学生可以分享不同的观点和经验，从而拓展对武术实际应用的理解，同时培养团队合作和沟通技能。引导学生分析武术场景中的道德和伦理问题。武术不仅仅是技术的展示，还涉及对对手和自己的尊重、公平竞争等。通过讨论案例，学生可以培养出在实际情境中做出明智道德决策的能力。

鼓励学生在分析案例后进行个人反思，思考自己在类似情境中的应对策略和需改进点。这种反思有助于学生个人成长，促使他们更深入地思考武术的应用在自己生活和职业中的潜在影响。邀请专业武术从业者分享实际案例，让学生直接听取他们在实战中的经验和见解。这种实践性的分享能够更直观地展示武术的实际应用，激发学生对武术的兴趣和学习热情。

通过"打练合一"教学实践，我们旨在培养具有高水平武术技能，且具备广博知识和团队协作能力的学生。这种全面性的学习体验将为学生未来的职业发展和终身学习奠定坚实基础。

第三节 学生参与与反馈

在"打练合一"教学模式中，学生的积极参与被视为教学的核心动力。这种参与不仅体现在技能的提升上，更体现在学科整合、团队协作和实际应用场景中。同时，学生的反馈也被视为一种宝贵的资源，为教师提供了洞察学生需求和验证教学效果的机会。

一、学生参与

（一）跨学科参与

在"打练合一"教学模式中，学生的参与不仅仅局限于武术技能的提升，更强调将武术融入多个学科领域,通过实际项目将武术知识与其他学科知识相结合。这种综合性的学习体验不仅拓展了学生的学科视野,还培养了跨学科思维和整合能力。

"打练合一"教学模式旨在设计项目和任务,使学生能够在实际应用中将武术技能与多个学科领域进行整合。这涉及历史、文化、生物学、运动科学等多个学科,为学生提供了一个全面发展的学习平台。学生在"打练合一"教学模式中参与项目,这些项目不仅聚焦于武术技能的提高,同时要求学生将所学的武术知识应用到解决实际问题中。例如,在历史课程中,学生可以通过武术的演变来理解历史发展;在生物学课程中,可以研究身体运动和肌肉结构的科学原理。

教学设计注重综合性项目,其中学生需要结合武术技能和相关学科知识解决复杂的问题。这有助于学生理解知识的交叉点,培养他们将所学知识整合运用的能力。通过将武术融入多个学科领域,学生的学科视野得到了显著的拓展。他们不再局限于武术的技术层面,而是能够理解武术在更广泛学科范围内的应用和影响。"打练合一"教学模式能培养学生跨学科思维,使其能够将不同学科的知识有机地结合起来。这种思维方式有助于学生更全面地理解问题,提高解决问题的综合能力。

通过实际案例分析,学生可以更深入地理解武术在不同学科中的应用。例如,通过分析历史上的武术战役,学生可以同时理解战争的历史、文化、军事战略等多个方面。"打练合一"教学模式鼓励学生跨界合作,与不同学科领域的专业人士共同解决问题。这种合作不仅加强了学科整合,还培养了学生在不同领域中与他人协作的能力。通过将武术融入多个学科领域,学生在"打练合一"教学模式中得以全面发展,培养了更为综合和有深度的学科素养,为他们未来的学习和职业发展提供了更为坚实的基础。

(二)参与实际应用项目

在"打练合一"教学模式中,学生通过参与实际应用项目,将所学知识应用于真实场景。这种项目导向的学习不仅使学生在实践中理解、巩固和拓展技能,而且提高了学习的实用性和深度。"打练合一"教学模式注重设计具有实际应用性的项目,使这些项目能够模拟真实场景。例如,在武术课程中,学生可以参与模拟自卫场景、战术演练等项目,使所学知识能够在实际应用中得到验证。

项目的设计强调对真实场景的模拟,即让学生置身于实际应用的环境中。这种模拟能够帮助学生更好地理解理论知识在实践中的运用,提高应对真实情况的能力。通过参与实际应用项目,学生能够将在课堂上学到的理论知识与实际操作相结合。这种理论与实践的结合不仅有助于加深学生对理论的理解,还能够使学生更好地掌握和应用所学的技能。在项目导向的学习中,学生通过在实际应用中反复练习,巩固了所学的技能。这种反复练习有助于学生深度学习武术技能，使学生能够更熟练地将其运用在实际场景中。

实际应用项目强调学生具备解决实际问题的能力。学生需要运用所学的知识和技能，面对具体挑战并找到创新的解决方案，培养实际问题解决能力和创造性思维。项目导向的学习使学生直接面对实际问题，提高了学习的实用性。学生在实践中学到的技能更容易在实际生活和职业中应用，增强了他们的职业竞争力。通过参与实际应用项目，学生积累了宝贵的实际经验。这些经验不仅对当前的学习有帮助，还对将来的职业生涯规划提供了实际的基础和启示。

通过实际应用项目，学生在"打练合一"教学模式中获得了更为深入和实际的学习体验。这种项目导向的学习模式激发了学生的学习热情，培养了实际问题解决的能力，为他们未来的发展打下了坚实的基础。

(三) 参与团队合作

在"打练合一"教学模式中，团队合作的重要性被强调，学生需要在团队中共同解决问题、设计项目，并相互合作完成任务。这种教学模式旨在培养学生的合作意识、沟通技能和团队合作精神，使他们具备在实际工作和生活中成功合作的能力。

"打练合一"教学模式认识到团队合作对于学生综合能力的培养至关重要。在现实生活和职业中，很少有任务是可以独立完成的，团队合作成为成功的关键因素。学生在团队中共同面对挑战，共同解决问题，设计和完成项目。这样的学习方式使得每个团队成员能够贡献自己的专长，共同推动项目的进展，体现团队的集体智慧。通过参与团队活动，学生培养了合作意识，学会在团队中充分利用彼此的优势，共同应对挑战。这种合作意识不仅在课堂上有用，也为将来的职业发展奠定了基础。

团队合作要求学生具备良好的沟通技能。学生需要清晰表达自己的想法，倾听并理解团队成员的观点。这有助于提高沟通效果，减少误解和冲突。通过共同工作，学生培养了团队合作精神，包括对团队目标的共识、对团队成员的信任、对集体努力的认可。这种精神在团队合作中至关重要，也在日后的工作中有着深远的影响。学生在团队中通过分工合作，学会有效地分配任务和合理利用各自的技能。这培养了责任心，因为每个成员都知道他们的贡献对于整个团队的成功至关重要。该模式鼓励构建多元化的团队，由具有不同专业背景、技能水平和经验的成员组成。这样的团队能够从不同的角度看待问题，提出更富创意的解决方案。

通过强调团队合作，学生在"打练合一"教学模式中不仅提高了综合素养，还为适应未来的职业和社会环境打下了坚实的基础。

（四）参与问题导向学习

学生通过解决实际问题来构建知识体系，培养了主动提出问题、分析问题和解决问题的能力。参与问题导向学习使学生更注重思考和探索，而非简单地接受信息，同时鼓励学生主动提出问题，激发他们的好奇心和求知欲。学生在解决实际问题的过程中，逐渐培养了发现问题、提出问题的主动性。

学生不仅被要求能够提出问题，还需要深入分析问题的本质和背后的原因。这种深度的问题分析能力使学生能够更全面地理解问题，为提出解决方案奠定了基础。[1]"打练合一"教学模式注重将学生引导至实际问题的解决。学生通过实际操作和实践性项目，培养了解决问题的实践技能，这比单纯理论学习更具深度。参与问题导向学习让学生不再只是信息的接受者，而是思考者和探索者。他们在解决问题的过程中，逐渐形成对知识的深刻理解，而不再是死记硬背。

解决实际问题需要学生具备创造性思维，提出新颖的观点和解决方案。这种思维方式的培养在问题导向的学习中得到了充分发展，激发了学生的创新潜力。通过解决实际问题，学生的学习变得更具实用性。他们学到的知识和技能可以直接应用于解决真实的挑战，提高了学习的实际价值和可持续性。参与问题导向学习培养了学生自主学习的能力。他们学会了主动寻找信息、分析问题、找到解决方案，而不是依赖教师的直接指导。

通过强调问题导向的学习，学生在"打练合一"教学模式中不仅获得了知识，更培养了解决问题的综合能力。这种学习方式促进了学生的思维深度和创造性思维发展，为他们未来的学习和职业发展奠定了坚实的基础。

二、学生反馈

（一）定期反馈机制

在"打练合一"教学模式中，通过实施定期反馈机制，对学生进行全面而及时的评估，使他们能够了解自己在武术技能、团队协作和学科整合等方面的表现。这促使学生对自己的学习过程进行更深入的思考和调整。

---

[1] 陆长英. 全球化背景下东盟十国武术发展研究及其对武术教学的启示[J]. 武术研究，2023，8（5）：13—15.

1. 全面评估武术技能

定期反馈机制包括对学生武术技能的全面评估。教师和教练通过观察、评分或其他评价方法，及时向学生提供关于他们在武术技能方面的表现的具体反馈。这有助于学生了解自己在技能方面的强项和可改进的空间。

2. 评估团队协作和沟通

定期反馈机制还涉及对学生团队协作和沟通能力的评估。通过观察学生在团队项目中的表现、听取同学和团队成员的意见，学生可以获取有关他们在协作和沟通方面的反馈，促进团队合作的效果优化。

3. 学科整合的评价

该教学模式强调学科整合，定期反馈机制应该包括对学生在整合多个学科知识时的表现的评价。这可以通过项目成果、学术报告或其他形式的作品展示来完成，为学生提供在跨学科学习中的反馈。

4. 提供及时反馈

定期反馈机制需要具有及时性，确保学生在学习过程中能够及时了解自己的表现。及时的反馈有助于学生调整学习策略，纠正错误，加强优势，提高学习的效果。

5. 个性化反馈

定期反馈机制应该是个性化的，根据每个学生的特点和需求提供具体的建议。个性化的反馈有助于激发学生的学习动力，帮助他们更好地理解自己的学习路径。

6. 学生参与自评

定期反馈机制可以包括学生参与自我评价的环节。学生通过对自己的表现进行评估，能够更深入地思考自己的学习过程，提高对个人发展方向的认知。

7. 激发反思和改进意识

通过提供定期反馈，学生被激发进行反思和改进。学生了解自己的优势和不足后，可以有针对性地调整学习方法，更有效地实现个人和团队的学习目标。

通过实施定期反馈机制，学生在"打练合一"教学模式中得以全面发展，并更好地应对学习中的挑战。这种个性化和及时的反馈不仅促进了学术成就的提高，也培养了学生对自己学习过程的深刻理解和自主调整的能力。

（二）多层次评估

在"打练合一"教学模式中，设计多层次的评估方法是为了全面了解学生在技术、战术、学科整合等多个方面的表现。这种多层次的评估使学生能够在不同层面全面发展，并更具体地了解自己的学科水平和技能提升点。

1. 技术层面的评估

在武术课程中，技术层面的评估是必不可少的。这包括学生的基本动作、技巧的掌握程度、身体灵活性等方面。通过定期的技术评估，学生可以了解自己在武术技术方面的优势和需改进点，从而有针对性地进行技能提升。

2. 战术层面的评估

战术层面的评估关注学生在实际应用中的战术运用能力。这包括战术决策的准确性、战术执行的效果等。通过对战术层面的评估，学生能够了解自己在实际战斗中的表现，并调整战术策略以提高效果。

3. 学科整合的评价

学科整合涉及将武术知识与其他学科领域相结合。评估学科整合可以通过学生在跨学科项目中的表现、学习报告的质量等来完成。这种评估方式有助于学生了解自己在整合不同学科知识方面的能力和不足。

4. 个性化学习的评估

考虑到"打练合一"模式强调个性化学习，评估方法可以包括个性化方面的评估。这可以通过学生选择的项目、个性化学习计划的执行情况等方面进行评估，以了解每个学生在个性化学习方面的表现。

5. 团队协作评估

在多层次评估中，团队协作的评估也是十分重要的一环。通过考察学生在团队中的角色、协作效果、沟通能力等方面，可以全面了解学生在团队协作方面的表现，并促使他们培养更强的团队协作意识。

6. 自我评估和同伴评估

除了教师的评估外，自我评估和同伴评估也是重要的评估层次。通过自我评估，学生可以更深入地反思自己的学习和成长过程。同时，同伴评估可以促进学生之间的互动，使他们从彼此的反馈中获取更多的启示。

7. 实时反馈的整合

多层次的评估还包括实时反馈的整合，确保学生能够随时了解自己的学习进展。这种实时反馈的整合有助于学生在学习过程中及时调整学习策略，以更好地适应教学模式。

通过设计多层次的评估方法，学生在"打练合一"教学模式中能够获得全方位的发展。这种评估方式可以帮助学生更具体地认识自己的学科水平和技能发展，促使他们在各个层面上取得更好的进步。

(三) 反思环节

引入反思环节是"打练合一"教学模式中的重要组成部分，其目的在于鼓励学生定期反思学习过程、挑战和收获。通过这种反思，学生能够更清晰地认识到自己的成长和发展过程，形成更为自我驱动的学习态度。

1. 提升自我认知

反思环节有助于学生提升自我认知，深入了解自己的学习风格、偏好和弱点。学生通过思考自己在学习和技能方面的表现，能够更明晰地认识到自己的学习特点，为个性化学习打下基础。

2. 意识到挑战和困难

反思环节让学生有机会深入思考学习过程中遇到的挑战和困难。这种自省可以帮助学生分析问题的根本原因，并为解决问题提供思路。通过正视挑战，学生能够更加积极地应对困难，提高解决问题的能力。

3. 强化学习动机

定期的反思能够强化学生的学习动机。当学生能够看到自己的进步和取得的成就时，他们更有可能保持积极的学习态度。反思环节可以成为学生坚持努力学习的内在驱动力。

通过反思，学生可以更有针对性地调整自己的学习策略。他们能识别出有效的学习方法，改进不足之处，从而更加高效地达成学习目标。这种自主调整的过程培养了学生的学习自主性。

4. 培养成长心态

反思环节可以培养学生的成长心态。通过关注自己的成长和发展，学生更容易接受挑战、从失败中汲取教训，并持续努力追求更高的学习和技能水平。定期的反思有助于学生塑造自我驱动的学习态度。他们逐渐意识到学习不仅是为了应付考试，更是为了个人成长和未来的发展。这种内在动机使学生更加积极地投入学习，追求持久的进步。反思环节也可以成为学生之间互相分享的平台。通过分享自己的学习经验、挑战和成果，学生可以互相启发，建立起良好的学习氛围，共同成长。

通过引入反思环节，学生在"打练合一"教学模式中不仅学到了知识和技能，还培养了对学习的深度认知和积极的学习态度。这种自我反思的习惯将对学生未来的学习和职业生涯的发展产生积极而深远的影响。

（四）个性化指导

在"打练合一"教学模式中，根据学生的反馈和表现提供个性化的指导是一项关键任务。这种个性化指导使教师能够更加有针对性地关注学生在不同层面的需求，帮助他们更好地克服困难、发挥潜力。

1. 分析个体差异

个性化的指导首先需要对学生进行细致入微的分析，了解他们的学科水平、学习风格、兴趣和发展潜力等方面的个体差异。这可以通过定期的评估、观察和学生自我评价等手段来完成。根据学生在学科方面的需求，提供有针对性的学科支持。对于技术层面的问题，教师可以提供个性化的技术指导；对于学科整合的困难，可以通过特定学科的辅导来弥补学生的不足。

2. 个性化学习计划

基于学生的学科水平和兴趣，制订个性化的学习计划。这可以包括选择更具挑战性或更符合兴趣的学科项目，以满足学生的学科发展需求。通过分析学生的技能表现，个性化指导应该包括技能提升和强化。对于已经掌握的技能，教师可以帮助学生挖掘更深层次的应用；对于尚未掌握的技能，提供有针对性的练习和反馈，帮助学生逐步提升。

3. 团队协作和沟通指导

针对学生在团队协作和沟通方面的表现，提供个性化的指导。有些学生可能需要更多的团队合作经验，而有些学生可能需要更多的沟通技能培训。个性化的指导有助于满足不同学生的团队协作需求。了解学生的兴趣爱好，鼓励他们在学习过程中追求自己感兴趣的方向。个性化的指导可以帮助学生找到与其兴趣相关的学科项目，从而提高自身学习的动力。

个性化的指导需要教师能够及时提供反馈，并根据学生的反应和表现进行灵活调整。通过实时的反馈机制，教师可以更好地了解学生的学习过程，确保指导的有效性。通过提供个性化的指导，教师能够更好地满足学生个体差异，使每位学生都能够在"打练合一"教学模式中取得最佳的学习效果。这种差异化的教学方法有助于激发学生的学习兴趣，促使他们更积极地参与学习过程。

（五）参与决策

通过收集学生的反馈，让学生参与教学决策的过程。这样的参与不仅让学生感受到他们的声音被重视，也有助于建立一种共同负责的学习氛围。

1. 学生参与决策的重要性

学生参与教学决策意味着他们可以在教学过程中发表自己的看法、提出建议，并参与学习环境的塑造。这种参与不仅使学生感到自身受到尊重，还增强了他们对学习过程的投入感，并培养了积极参与学习的态度。

2. 收集学生反馈的方式

教师可以通过多种方式收集学生的反馈，包括定期的问卷调查、小组讨论、开放式反馈渠道等。通过这些渠道，学生能够分享他们的学习体验、提出改进建议，从而形成全面而深入的反馈信息。

3. 教学决策的范围

学生参与教学决策的范围可以涉及多个方面，包括课程设置、教学方法、评估方式等。在"打练合一"教学模式中，教师可以邀请学生参与制订项目计划、选择跨学科领域等，使他们在整个学习过程中有更多的话语权。

4. 共建学习环境

学生参与决策有助于共建学习环境，让学生在学校的事务中感到更有责任心。他们可以通过参与决策，为自己和同学创造更适合学习的环境，建立起一种共同负责的学习氛围。参与教学决策的过程培养了学生的决策能力。他们学会权衡利弊、思考问题，形成自己的观点和意见。这种能力对于他们未来的学习和职业发展都具有重要意义。

5. 提高学生投入度

当学生感受到他们的声音被重视，并且他们的反馈真正影响到教学过程时，他们更有可能积极投入到学习中。这种投入度的提高有助于学生成为积极学习的主体，增强他们的学习动力。

学生参与决策建立了师生之间更为平等的合作关系。教师不仅是知识的传递者，更是引导者和合作伙伴。这种合作关系有助于构建积极、开放的学习氛围。

通过学生参与教学决策，教师能够更好地了解学生的需求和期望，更灵活地调整教学策略，从而提高教学的质量和适应性。这种共建学习环境的做法有助于创造一个更加积极、开放、有活力的教育氛围。通过学生的积极参与和及时反馈，整个"打练合一"教学模式更具活力和针对性。学生在实践中不仅学到了技能，还培养了解决问题、协作和自我管理的能力。

第四节 教师角色与培训

"打练合一"教学模式注重跨学科的整合、实际应用和团队合作，这要求教师具备更全面的教学技能和领导能力。因此，为了成功实施这一创新教学模式，我们致力于为教师提供全面的培训，使他们能够成功担任引导者和合作伙伴的角色，引领学生在多维度的学科交汇中深度学习和全面发展。在"打练合一"教学模式中，教师的角色不只是传统的知识传授者，更是学习过程的引导者和学生成长的伙伴。为了胜任这一多重角色，教师需要接受专门的培训，以适应这一创新的教学模式。

一、教师角色

（一）引导者和激发者

教师在"打练合一"教学模式中扮演引导者的角色，鼓励学生主动参与学习过程，激发他们的好奇心和学习兴趣。通过提出问题、引导讨论，教师能够引导学生深入思考，自主探索知识。

1. 提出引导性问题

教师在"打练合一"教学模式中应学会提出引导性问题，激发学生主动思考的欲望。这些问题可以涉及对学科知识的深层次理解，也可以是与实际应用场景相关的问题。通过巧妙设计的问题，教师能够引导学生深入思考，启发他们主动探索解决问题的路径。

2. 创设启发性场景

为了引发学生的好奇心和兴趣，教师可以创设一些启发性的场景，让学生在实际问题中找到学科知识的具体应用。这可以通过实际案例、模拟场景或实地考察等方式实现。这样的场景设计可以让学生更加积极地投入学习，因为他们看到了学科知识与实际问题的联系。

3. 引导学生自主探索

"打练合一"教学模式鼓励学生自主学习和探索。教师的引导作用在于给予学生方向，激发他们主动寻找解决问题的方法。通过提供资源、引导文献阅读、推荐学习工具等方式，教师可以引导学生独立获取知识，培养他们的学习主动性。

4. 鼓励开放性讨论

引导学生参与开放性讨论是培养他们深入思考和表达观点的有效方式。教师可以设计一些开放性问题，组织小组或全班讨论，让学生分享他们的看法和理解。这有助于学生从不同角度思考问题，拓展他们的思维深度。

5. 个性化引导

每个学生的学习风格和兴趣都有所不同，教师应该个性化地引导学生。教师应了解学生的兴趣、强项和发展方向，有针对性地提供问题和资源，使学生在个性化的学习过程中更有动力。教师在引导学生的过程中，应该及时提供反馈并给予鼓励。这有助于学生建立自信，增强学习动力。通过积极的反馈，教师可以指导学生在学习中不断改进，形成更好的学习习惯。

引导学生深入思考的同时，教师还应培养他们的批判性思维能力。鼓励学生质疑、分析和评估信息，培养他们在面对问题时的独立思考和判断能力。通过以上方式,教师能够在"打练合一"教学模式中更好地发挥引导者的角色,激发学生的主动学习意愿,使他们更深入、更全面地学习学科知识。

(二)团队合作的促进者

在"打练合一"教学模式中,教师的任务之一是促进学生之间的团队合作,鼓励他们分享想法、协同解决问题。通过组织团队项目、设立合作性任务,培养学生的团队合作和沟通技能。

1. 团队项目设计

教师可以设计具有实际应用性的团队项目,要求学生共同合作完成。这些项目可以模拟真实场景,要求学生从多个学科角度协同解决问题。团队项目的设计应该注重项目的多样性,以适应不同学科领域的需求。

2. 合作性任务设置

设立合作性任务是培养学生团队合作的有效方式。教师可以安排学生小组合作完成某个任务,确保任务的复杂性需要团队成员之间的合作。这有助于锻炼学生在合作中的角色分工、协调沟通等能力。

3. 团队建设活动

定期的团队建设活动有助于加强学生之间的团队合作氛围。这些活动可以包括团队游戏、工作坊、团队分享等形式,目的是增进学生的相互了解,提高团队凝聚力和合作效率。教师可以通过跨学科的方式组建团队,让不同学科背景的学生相互合作。这样的组建方式有助于实现学科之间的整合,促使学生在团队中分享各自的专业知识,达到更全面的解决问题的效果。

4. 沟通技能培养

团队合作离不开良好的沟通,教师可以专门培养学生的沟通技能。这包括有效地听取他人意见、清晰地表达自己的观点、协商解决分歧等方面的沟通技能。通过角色扮演、沟通训练等方式,培养学生良好的团队沟通氛围。

5. 评估团队表现

为了激励团队合作,教师可以设立团队表现的评估机制。这可以是针对整体团队成绩的评估,也可以包括对个体在团队中所作出的贡献的评估。通过及时的反馈和奖励，激发学生更好地投入团队合作。

6. 解决团队冲突

团队合作中难免会出现冲突，教师需要具备解决团队冲突的能力。通过教育学生有效处理分歧、协商解决问题的方法，帮助他们建立积极的团队合作氛围。

(三) 学科整合的导向者

在"打练合一"教学模式中，学科之间的整合是至关重要的，教师需要引导学生将不同学科的知识融合应用，帮助他们建立跨学科的视野，理解知识的整体性。

1. 设计跨学科项目

教师可以设计跨学科项目，要求学生在项目中融合多个学科的知识。这可以通过实际案例、问题解决、项目研究等方式实现。例如，在解决实际问题时，学生需要同时考虑历史、科学、文学等多个学科的知识。

2. 交叉学科团队合作

组建跨学科的团队是促进学科整合的有效途径。教师可以通过跨学科团队合作的方式，让不同学科背景的学生相互合作、分享各自的专业知识。这有助于学生理解不同学科之间的关联性。

3. 跨学科问题解决

教师可以提出一些跨学科的问题，要求学生通过整合多个学科的知识来解决。这有助于培养学生将知识应用于实际情境的能力，同时提高他们对学科整体性的认识。创设综合性场景是促进学科整合的一种方法。通过将不同学科的知识融入实际场景中，学生能够更好地理解不同学科之间的关系。例如，在解决环境问题时，学生需要了解科学、政治、社会等多个学科的知识。

4. 组织跨学科讨论

定期组织跨学科讨论，有助于拓展学生的学科视野。教师可以邀请不同学科背景的专业人士或学者参与讨论，让学生从不同学科的角度思考问题，促使他们形成全面的认知。教师在教学中要注重强调学科之间的联系，帮助学生建立起知识的框架。通过引导学生思考学科之间的内在联系，教师可以促使他们更好地理解知识的整体结构。

5. 多学科的评估标准

为了体现多学科整合的价值，教师可以采用多学科的评估标准。这包括项目评估、综合考察等方式，确保学生在不同学科领域都能得到全面的发展。教师可以为学生提供跨学科的学习资源，包括跨学科书籍、文章、在线课程等。这有助于学生更自觉地进行学科整合性的学习，拓展他们的知识领域。

（四）实际应用的导师

在"打练合一"教学模式中，教师应引导学生将所学知识应用于实际场景，模拟真实问题，培养学生解决实际问题的能力。通过实际应用项目，教师可以帮助学生将理论知识转化为实际技能。

1. 实际问题模拟

教师可以设计模拟场景，并选择与学科相关的实际问题以供学生解决。这些问题可以是当前社会或行业面临的挑战，让学生在解决问题的过程中应用所学的理论知识。教师可以引导学生将跨学科的知识应用于实际场景，解决跨领域的问题。例如，在科学和社会学的结合中，学生可以探讨科技发展对社会的影响，同时提出可行的解决方案。

2. 项目导向学习

通过项目导向学习，教师可以让学生深入参与实际应用项目，包括设计产品、提出创新方案、解决业务问题等。学生在实践中不仅可以巩固所学知识，还能培养解决实际问题的主动性和创造性。教师与行业合作，将实际项目引入教学，可以为学生提供更真实的工作场景，让他们直接面对行业问题，并通过合作解决问题，从而更好地理解并应用所学的知识。

3. 案例分析和解决方案

教师使用实际案例进行分析，让学生理解问题的背景、复杂性和可能的解决方案。通过讨论和研究案例，学生可以学到在实际场景中应用知识的方法和技巧。引导学生参与社区服务项目，将所学知识应用于社会实践中，包括解决社会问题、提高社区文化水平等方面，使学生在实际活动中锻炼解决问题的能力。

4. 反馈和调整

在实际应用项目的过程中，教师要及时提供反馈，指导学生改进和调整。通过反馈，学生可以更好地理解实际问题的复杂性，提高解决问题的效率。教师指导学生制定实际可行的计划和方案，并要求学生充分考虑资源、时间和可持续性等因素，有助于培养学生在实际问题解决中的全面思考和规划能力。

（五）反思和指导者

在"打练合一"教学模式中，教师的角色不仅是传授知识，更涉及鼓励学生定期反思学习过程、挑战和成果，帮助他们建立自我认知和目标设定。通过提供个性化的指导，教师能够更好地满足学生的个体差异。

1. 反思学习过程

教师可以鼓励学生定期进行学习过程的反思，包括他们的学习方法、遇到的困难以及取得的进展。通过这种反思，学生能够更深入地理解自己的学习方式，发现有效的学习策略。

教师可以提出问题，促使学生思考在解决问题或完成任务的过程中遇到的挑战，以及分析这些挑战如何影响他们的学习成果。

2. 建立自我认知

教师要帮助学生建立自我认知，让他们明确自己的学习风格、兴趣和优势。通过了解自己，学生能够更有针对性地选择适合自己的学习路径和项目，提高学习效果。教师应与学生一起制订个人学习目标，让他们明确自己想要达到的成就。这有助于激发学生的学习动力，并使他们更专注于实现个人目标，从而提高学习的积极性。

3. 提供个性化指导

根据学生的个体差异，教师可以提供个性化的指导。这包括了解学生的学科偏好、学习节奏、兴趣爱好等，以更好地满足他们的学习需求，提供有针对性的建议和支持。建立定期的学习反馈机制，让学生能够及时了解自己的学习表现。通过定期的反馈，学生可以根据教师的建议进行调整，逐渐改进学习方法和策略。

4. 鼓励自我评价

教师可以鼓励学生进行自我评价，让他们对自己的学习过程有更深入的认识。这可以通过让学生撰写学习日志、参与小组讨论等方式实现。教师要激发学生的自主学习能力，鼓励他们主动寻求资源、提出问题，并通过反思和自我调整提高学习水平。这有助于培养学生的学习独立性。

通过以上方式，教师在"打练合一"教学模式中能够更全面地关注学生的个体发展，引导他们更有目的地规划学习，建立自我认知，从而更有效地达到教学目标。

二、教师培训

（一）跨学科教学方法培训

在"打练合一"教学模式中，为了适应学科整合的要求，教师需要接受跨学科教学方法的培训。这种培训包括如何将不同学科的知识有机地整合在一起，设计项目和任务，促使学生在学科之间建立联系。

1. 跨学科教学理念培训

教师需要接受有关跨学科教学理念的培训，深入了解跨学科教学的核心概念和目标，譬如理解学科之间的相互关系、学科整合对于学生综合发展的重要性，以及跨学科方法如何促进深度学习等方面。跨学科教学要求教师对不同学科的知识有一定的了解。因此，培训包括学科知识的更新，使教师能够更好地理解学科之间的关联性，并将这些关联性融入教学中。

2. 教学设计技巧

培训将涵盖教学设计技巧，帮助教师有效地将不同学科的知识整合在一起，包括如何识别学科之间的交叉点、设计有挑战性和启发性的项目，以及创建能够促使学生思考学科之间联系的任务。教师需要学习如何有效地管理跨学科项目，即项目的规划、执行和评估。培训可能会涉及如何设置明确的项目目标，确保学生在整合学科知识的同时能够达到预期的学习目标。

3. 教学团队及学生参与

培训包括团队合作的技能培养，以便教师能够更好地协作，将不同学科的专业

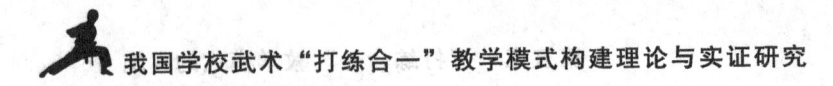

知识整合到一个有机的学习环境中,从而形成一个协同工作的教学团队。培训还强调学生导向的教学方法,鼓励教师通过引导和激发学生的主动参与,促使他们在学科整合中发挥主动性。

4. 资源整合

培训将介绍如何整合不同学科的教学资源,包括教材、案例研究、实验室设备等。例如,提供实际教学经验的分享和案例研究,可以让教师从其他经验丰富的跨学科教育者那里汲取灵感和经验,以更好地应用在实际教学中。

通过这些培训,教师能够更好地理解和应用跨学科教学方法,使"打练合一"教学模式更加顺利地实施。这不仅有助于提高教师的教学水平,也能够更好地满足学生跨学科学习的需求。

(二) 团队合作与沟通技能培训

教师培训应强调团队合作和沟通技能的培养。这包括如何引导学生有效地合作、解决团队冲突,以及提高学生的沟通效果。

1. 团队合作技能培训

教师培训应侧重于团队合作技能的培养,包括如何激发学生的合作意识、建立团队目标和明确角色分工。培训可以使用团队建设活动、合作性任务等方式,以培养学生在团队环境中的积极性和责任感。

2. 冲突解决培训

团队中难免会出现冲突,因此培训应教导教师如何有效地引导学生解决团队冲突。这包括了解不同冲突解决策略、培养学生解决问题的能力,以及鼓励学生学会妥善处理团队内部的分歧。

3. 沟通技能培训

强调沟通技能是培训的一个重点。教师需要学习如何教导学生有效地表达观点、倾听他人意见以及在团队中保持清晰的沟通渠道。培训包括沟通技巧的实践,如有效演讲、书面沟通和非语言沟通等方面。培训还应关注如何激发团队的积极动力。教师需要了解如何建立鼓励团队合作的氛围,通过奖励和认可激发学生对团队任务的热情参与。

4. 多元团队合作

培训强调多元团队合作的重要性，使教师能够指导学生在跨文化和多背景团队中有效地合作。这涉及尊重和理解学生不同文化背景、价值观和工作风格的能力。现代团队合作往往需要利用技术工具进行沟通。培训包括如何教导学生使用电子邮件、在线合作平台、视频会议等工具，以促进远程团队合作和跨学科交流。

5. 教师团队合作

培训在教师团队层面强调合作，鼓励教师之间的合作和经验分享，有助于形成更有力的教学团队，共同应对学科整合和团队合作的挑战。通过这些培训，教师将更有信心和能力引导学生在"打练合一"教学模式中展现出良好的团队合作和沟通技能，从而推动教学模式的成功实施。

（三）实际应用项目设计培训

教师需要学习如何设计具有实际应用性的项目，使学生能够将理论知识转化为实际技能。培训内容可以包括项目设计原则、案例研究等方面。

1. 项目设计原则

培训应介绍项目设计的基本原则。这包括明确项目目标和预期学习成果、确定项目的实际应用场景，以及确保项目与学科整合和跨学科目标相一致。通过案例研究和模拟实际应用场景的方式，教师能够更好地理解如何将学科知识应用于实际问题，从而培养教师的设计思维，使其能够构建具有实际应用性的项目。

2. 跨学科整合策略

培训应关注如何在项目设计中有效地实现跨学科整合。教师需要学会识别不同学科之间的关联性，以及如何将这些关联性纳入项目中，使学生能够在解决实际问题时涉及多个学科领域。教师培训可以强调学生参与式设计的重要性。这意味着教师应鼓励学生在项目设计过程中发表自己的意见和建议，确保项目既符合学科要求又能够激发学生的兴趣。

3. 预期学习成果明确化

在培训中，教师需要学习如何明确规定项目的预期学习成果，确保学生在项目中获得实际技能，并能够在完成项目后展示他们的学习成果。通过分享成功的实际案例，培训可以向教师展示如何设计具有实际应用性的项目，有助于教师从他人的经验中汲取灵感，了解不同领域中的最佳实践。

4. 项目评估与反馈

培训可以介绍如何设计有效的项目评估方法，并提供及时的反馈。这有助于教师调整项目设计，确保学生能够在实际应用中不断改进和发展。培训可以鼓励教师与实际行业建立合作关系，以获得行业专业知识，确保项目设计能够反映实际工作场景，并满足行业的实际需求。

通过这些培训，教师将能够更好地设计和实施具有实际应用性的项目，提升学生在"打练合一"教学模式中的实际技能和综合素养。这有助于培养学生的创新思维和问题解决能力，使他们更好地适应未来的职业和学术挑战。

（四）学生反思和个性化指导培训

帮助教师学会如何引导学生进行定期的反思，并提供个性化的指导。培训内容可以包括如何分析学生的反馈、提供有效的建议以及调整教学策略。培训应着重教师如何引导学生进行有效的反思，包括提供开放式问题和激发学生深入思考他们的学习过程、遇到的挑战、取得的成就。培训还可以涉及如何建立信任关系，使学生感到能自由表达自己的看法。

教师需要学会分析学生提供的反馈，从中挖掘出有关个体学生需求和整体学习环境的信息。培训可以介绍如何识别反馈中的关键信息，并将其用于个性化指导的制定。培训应包括个性化指导的具体策略，即根据学生的学科偏好、学习风格和发展需求，调整教学计划，提供有针对性的建议，以促进个体学生的发展。教师需要学会向学生提供有效的建议，比如具体、可行的行动步骤，以帮助学生改进和解决问题。培训可以教授教师如何在反馈中注重使用正面的、建设性的语言，以激发学生的积极性。培训还应关注学生学习目标的设定。教师可以学会如何与学生一起制订明确的学习目标，并在反思过程中帮助他们调整目标，以适应个体学习进度。

个性化的指导也涉及调整教学策略。教师需要学会根据学生的反馈和表现，灵活地调整教学方法，以更好地满足他们的学习需求。培训可以强调如何提倡学生的自我认知。教师应该鼓励学生通过反思来了解自己的学习情况，并更深入地认识自己的学科兴趣、长处和成长点。培训还可以介绍如何使用技术工具来支持学生的反思过程，例如使用在线平台或应用程序记录学生的学习日志，以及通过多媒体方式表达他们的反思。通过这些培训，教师将能够更有效地引导学生进行定期的反思，理解他们的学习需求，并提供个性化的指导，以确保每位学生都能在"打练合一"

教学模式中取得最佳的学习成果。

(五) 持续学习与适应性培训

由于"打练合一"教学模式具有灵活性和不断创新的特点，教师培训还应强调持续学习和适应性。教师需要具备不断更新自己知识和教学方法的能力。培训应当帮助教师认识到"打练合一"教学模式的变革性质。教师需要理解这种模式强调学科整合、实际应用和学生主动参与，从而意识到其教学方法可能需要进行调整和更新。

培训可以鼓励教师积极拓展自己的学科知识，以适应跨学科教学的需求，比如参与跨学科专业发展课程、与其他学科领域的教师合作，以及不断学习新的学科知识。"打练合一"教学模式注重技术工具的应用，因此培训应包括学习最新的教育技术，涵盖在线学习平台、虚拟实验工具、多媒体资源等，以提高教学的创新性和互动性。培训可以鼓励教师积极参与教育研究和学术会议。通过参与研究项目、参加专业学术会议，教师可以了解到最新的教育趋势和方法，从而不断丰富自己的教学实践。

教师培训可以指导教师制订个人发展计划。这包括明确学科知识、教育技术和教学方法的学习目标，并制订相应的学习计划，以确保持续提升自己的教学水平。"打练合一"教学模式强调创新和问题解决能力，而培训可以鼓励教师培养创新思维。这包括参与创新项目、与同事分享教学实践中的创新经验，以及鼓励学生提出创新性的问题。培训可以促使教师参与教学社群。这种社群是在线平台、学科教研组或跨学科团队，通过与其他教育者互动，教师能够分享经验、获取反馈，并获取新的教学灵感。培训还应强调教师定期评估自己的教学实践，并根据评估结果进行调整。这有助于教师在教学中保持灵活性，及时适应学生的需求和不断变化的教育环境。通过强调持续学习和适应性，"打练合一"教学模式的培训能够使教师更好地适应教育领域的变革，提高其在创新教学模式下的教学效果。

通过教师角色的明确定位和专门的培训，教师能够更好地引导学生在"打练合一"教学模式中取得全面发展，这样不仅提高了教师的教育水平，也为学生提供了更丰富的学习体验。

第六章 实证研究结果与分析

"打练合一"教学模式的实证研究为我们提供了珍贵的机会来深入探讨这一创新教学方法的实际效果。通过收集大量的定量和定性数据,我们得以全面理解学生在这一教学环境中的学习体验和成果。在本研究中,我们将详细分析这些数据,以揭示"打练合一"教学模式在技能发展、团队合作和实际应用等方面的影响。这样的分析不仅有助于验证教学模式的有效性,也为未来的教育实践提供了有力的指导。

第一节 学生学术表现与学习成果

学术表现和学习成果是评估教学模式有效性的关键指标,而"打练合一"教学模式的独特设计旨在推动学生在学术领域展现卓越的表现。通过深入研究学生在跨学科学习、实际应用和团队合作等方面的成果,我们能够更全面地了解这一教学方法对学术发展的影响。本研究将探讨学生在"打练合一"教学模式的学术表现,旨在揭示该教学模式如何促进学生的学科综合能力和创新思维的发展。

一、跨学科学习与综合能力

在"打练合一"教学模式中,学生被鼓励探索不同学科领域的知识,并将其整合应用于解决实际问题中。这种跨学科学习使得学生不仅在一个学科领域有所突出表现,而且能够理解和应用多个学科的概念。学生在实现学科整合的同时培养了综合能力,使其具备更全面的知识结构。

学生被鼓励涉足不同学科领域,从而探索多元的知识领域。通过涉足多个学科,学生能够获取更为广泛的知识,并将这些知识点整合应用于实际问题的解决中。这样的学科整合不仅加深了对各学科之间相互关联的理解,还培养了学生将学科知识融会贯通的能力。跨学科学习不仅仅是单一学科的简单堆叠,而是将不同学科的要素融合,培养学生在解决问题时运用多学科知识的能力。学生在实际应用中需要同时考虑多个学科的因素，从而培养了综合思考和多角度分析的能力，使其具备更全面的知识结构。

通过跨学科学习，学生能够更好地将理论知识与实际问题相结合。这种融合促使学生了解学科理论，以及在实际场景中应用这些理论，以解决真实世界的问题。这样的学习体验使学生更能理解知识的实际意义，提高了学习的实用性。通过在多学科领域的探索，学生被激发思考新的、创新性的解决方案。这种创新思维的培养是跨学科学习的一项重要成果，使学生能够在解决问题时展现出更为灵活和独特的思考方式，为未来面对复杂问题提供了更为丰富的思维工具。

学生在跨学科学习中可以根据个人兴趣和目标选择特定学科领域进行深入探索。这种个性化的学习路径有助于激发学生对学科的兴趣，促进自主学习的发展，使学生更加主动地参与知识的获取和整合过程。综合而言，"打练合一"教学模式中的跨学科学习强调了知识的整合和应用，培养了学生更全面、综合的学科能力，为其未来在复杂的社会环境中做出准确判断和决策提供了坚实的基础。

二、实际应用和问题解决

"打练合一"教学模式注重将理论知识应用于实际场景。

学生通过参与实际项目，直接将课堂学到的理论知识应用到真实场景中。这种参与实际项目的方式使学生能够在实践中深入理解和巩固所学内容，培养了他们将抽象概念转化为实际技能的能力。教学模式注重利用案例研究方法，让学生通过深入分析真实问题的案例来应用理论知识。通过对实际案例的探讨，学生能够更好地理解理论在实践中的应用，培养他们的分析和解决问题的能力。

实际应用场景的学习使学生在面对真实挑战时，需要运用所学知识解决问题。这种过程促使学生培养问题解决的能力，包括分析问题、制订解决方案并在实践中验证的技能，使他们能够更好地适应未来复杂的工作和生活环境。解决真实问题需要学生发挥创造性思维，提出新颖的观点和方法，而实际运用中学生被鼓励寻找创新性的解决方案，这有助于培养学生的创新意识和独立思考的能力。学生在实际应用中获得的经验是深刻的，因为他们能够亲身体验知识在实际情境中的应用效果。这样的学习体验更容易激发学生的学习兴趣，提高学习的动力。

通过将理论知识与实际场景相结合，教学模式不仅使学生更全面地理解所学内容，还培养了他们在未来职业生涯中能够灵活应对各种实际挑战的能力。这种实际应用导向的教学方法有助于将学生培养成能够成功应对现实问题的终身学习者。

三、团队合作与沟通技能

在"打练合一"教学模式中,学生通过团队项目和合作性任务培养自身的团队合作和沟通技能。学生在团队中共同制定解决方案、分享观点,并学会有效地与他人合作。这种团队合作不仅发生在学科领域,还扩展到解决实际问题、设计项目等多个方面,从而培养了学生在多样化情境下协同工作的能力。

参与团队项目需要共同面对挑战并制订解决方案。这种合作过程要求学生在团队中分享观点、倾听他人的意见,并共同制订符合整个团队目标的解决方案。这有助于培养学生的团队合作和共识建立能力。团队合作使得学生能够分享自己的观点和经验,从而促进信息共享和团队学习。这种互动有助于拓展学生的思维,提高问题解决方法的多样性,培养他们在团队中主动贡献的能力。

在合作性任务中,学生需要有效地沟通和协调,确保整个团队能够顺利地达成共同目标。这包括书面和口头沟通的技能,以及在团队中理解和回应他人观点的能力。通过实践中的沟通,学生逐渐提高了与他人有效交流的能力。团队合作不仅涉及学科领域,还包括解决实际问题、设计项目等多个方面,促使学生能够在不同情境下灵活地协同工作,适应不同任务的需求。这种多样化情境下的协同工作经验对于培养学生的综合素养至关重要。在团队中,学生可以轮流担任领导和跟随者的角色,这样有助于培养学生的领导才能和团队合作的平衡能力。通过体验不同角色,学生能够更好地理解团队动态,学会适应和支持他人。

通过这些团队合作和沟通技能的培养,学生在"打练合一"教学模式中不只是独立学习者,更是具备协同合作精神的团队成员。这种综合培养可以提高学生在未来工作和社会中的适应性和竞争力。

四、创新思维与主动学习

"打练合一"教学模式通过以问题为导向的学习,鼓励学生提出问题、分析问题和主动解决问题。这种学习方式培养了学生的创新思维,使其具备主动学习的习惯。学生在解决实际问题的过程中,不断迭代和改进,培养了适应不断变化的环境的能力。

以问题为导向的学习鼓励学生在解决问题的过程中,运用创新思维,从不同的角度思考,找到新颖的解决方案。这种培养有助于学生在未来面对复杂挑战时能够富有创造力地解决问题。以问题为导向的学习方式激发了学生的主动学习意愿。学生在提出问题、寻找答案的过程中，不仅是知识的获取者，更是知识的创造者。这培养了学生主动探索、主动学习的习惯，使其在学习中更富有动力。

学生在问题导向的学习中面对的问题通常是实际的、有现实意义的，有助于学生在解决问题的过程中将理论知识应用于实际情境，增强学习的实用性。解决实际问题培养了学生在实践中运用知识的能力。解决问题是一个迭代和改进的过程。学生在初次提出解决方案后，通过实际应用和反馈，不断改进和优化方案。这种反复的过程培养了学生的持续改进和适应变化的能力，使其更具韧性。

以问题为导向的学习方式促使学生涉足多个学科领域，因为解决问题需要从不同学科中获取知识。这种整合培养了学生跨学科思维，拓展了他们的知识边界。通过这种以问题为导向的学习方式，学生在"打练合一"教学模式中获得了更为全面和深入的学习体验。这种学习方式不只关注知识的传授，更强调学生在解决实际问题中培养的创新思维和主动学习的能力。

五、多层次评估与个性化发展

"打练合一"教学模式中的多层次评估方法能够综合考察学生在技术、战术、学科整合等方面的表现。通过个性化的反馈和指导，学生得以更深入地认识自己的学科水平和技能提升点，实现个体化的学习发展。

多层次评估方法关注学生的技术水平。通过技术方面的评估，可以深入了解学生在武术技能上的表现，包括基本技巧的掌握程度、动作的准确性、力量和灵活性等方面。通过全面的技术评估，教师可以为学生提供有针对性的技术指导，帮助他们在武术领域取得更好的进展。除了技术水平外，战术层面的评估关注学生在实际应用中的表现，包括战术决策的准确性、战术应变的能力以及在模拟战术演练中的实际效果。通过战术层面的评估，学生能够更好地理解武术技能在实际场景中的运用，培养解决实际问题的能力。

考虑到"打练合一"教学模式的跨学科特性，学科整合的评估显得尤为重要。学生在项目和任务中将不同学科领域的知识整合应用，这方面的评估能够揭示学生对于学科之间关联的理解和知识的运用。学科整合的评估不仅关注表面的知识融合，还注重学生对不同学科概念的深刻理解。多层次评估方法为学生提供了个性化的反馈。通过详细的评估结果，教师能够识别出学生在技术、战术和学科整合方面的优势和改进点。这使得教师能够提供有针对性的指导，帮助学生更好地发挥潜力、弥补不足，实现个体化的学习发展。通过多层次评估，学生能够更深入地了解自己的学科水平和技能发展点，有助于培养学生的自我认知能力，使他们更有目标地制订学习计划，关注个体学术和实践发展的方向。

通过这种多层次的评估方法，学生在"打练合一"教学模式中获得了更为全面和深入的反馈，促进了个体学习的发展，并使教学更具针对性和效果。"打练合一"教学模式通过强调实际应用、跨学科学习和团队合作，全面促进学生的学术表现和学习成果。这种教学方法培养了学生多方面的能力，为他们未来的学习和职业发展打下了坚实的基础。

第二节　学生自信心与综合素质发展

在"打练合一"教学模式中，我们不仅注重学生的武技培养，更关注培养学生的自信心和综合素质。这一教学理念旨在通过全面的学科整合、实际应用和团队协作，为学生创造一个多元发展的环境。

一、武术技能提升与自信心

"打练合一"教学模式在培养学生自信心方面发挥着至关重要的作用。

学生通过"打练合一"教学模式系统学习武技，逐步掌握了复杂的动作和技巧。这种技能的提升不仅带来了实际的自卫能力，同时也构建了一个正向的自信心循环。成功的技能掌握让学生相信自己能够克服困难，这种信心反过来又推动他们更积极地投入学习和挑战其他领域的难题。[1] 在"打练合一"教学模式中，学生将面临各种技术难题和战术挑战。通过克服这些挑战，学生体验到了自我突破的喜悦，这种喜悦在心理上为他们打开了更广阔的空间。他们逐渐认识到，通过努力和坚持，他们可以战胜各种困难，这种自我认知增强了他们的自信。

学生在武技的提升过程中，学到的不仅是动作和技巧，还有坚持、毅力、专注等品质。这些品质在其他学科和生活方面同样适用。学生开始在学习课程中展现积极的态度，更勇敢地迎接新的挑战，因为他们相信自己有足够的能力克服任何困难。通过"打练合一"教学模式培养的自信心不仅体现在学生的学业上，还反映在学生的生活态度和人际关系中。他们更愿意主动表达自己的观点，更加开放和乐观，这种积极的心态对于社交和人际互动都起到了积极的作用。"打练合一"教学模式通过武技的培养，为学生提供了一个全面发展的平台，塑造了他们积极自信、勇敢拼搏

---

[1] 彭福栋. 试析武术文化的特性[J]. 武汉体育学院学报, 2007 (5): 42.

的学习态度，全面提升了他们的学术表现和综合素质。

二、多学科整合与综合素质发展

"打练合一"教学模式的特色在于跨学科的整合，学生在实际项目中需要将多学科知识融合应用。这样的学习过程不仅培养了学生对不同学科知识的理解，还促使他们形成全面的综合素质。学生在解决实际问题时不仅需要运用武技，还需要运用其他学科的知识，培养了他们的全面素养。

在实际项目中，学生需要将武技与其他学科的知识相结合，解决真实场景中的问题。例如，社会学的概念可以帮助学生分析武术在不同文化中的角色和影响，而心理学的原理有助于理解运动员在高压环境下的表现。这样的融合使学生不仅具备武术专业知识，还培养了跨学科思维和综合应用知识的能力。通过跨学科整合，学生在实际项目中培养了综合素质。他们不仅关注武技的提升，还学会了如何运用这些技能解决实际问题。

学生在项目中不局限于一个学科的视野，而是形成了跨学科的综合视野。这有助于打破学科隔离，让学生更好地理解和整合各个学科的知识。这种多学科的视野使学生更具全局观和综合思考的能力。跨学科整合不仅是理论上的融合，更强调将这些知识应用于实际问题的解决。学生通过实际项目，学会了如何在复杂的情境中运用多学科知识，培养了解决实际问题的能力。

总的来说，通过"打练合一"教学模式，学生在实际项目中将跨学科知识融合应用，培养了全面的综合素质。这种综合素质不仅在武术领域有所体现，更对学生未来的学业和职业发展产生积极影响。

三、实际应用场景与解决问题的能力

"打练合一"教学模式强调实际应用，注重将理论知识与实际操作相结合，使学生在解决实际问题的过程中培养解决问题的能力。这种教学模式的核心理念在于学生通过实际操作来巩固和应用学科知识，从而提高自身的综合素养。这种教学模式的实际应用强调将学科知识与实际场景相结合，使学生能够更深刻地理解和掌握所学知识。通过实际操作，学生能够亲身体验和应用理论知识，加深对知识的理解，将知识内化为解决实际问题的能力，从而避免知识的孤立性，并能够更好地将所学应用于实际生活和工作中。

这种教学模式强调问题导向，通过实际操作中解决问题的过程，培养学生的解

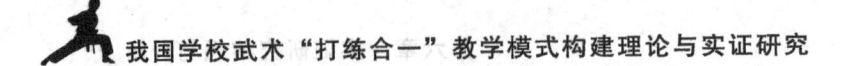

决问题的能力。学生需要运用所学的理论知识,结合实际情境,提出解决问题的方法和策略。这种能力的培养可以帮助学生在面对各种挑战时更具信心,能够灵活应对复杂的情境。实际操作锻炼了学生的判断力和分析能力。在解决实际问题的过程中,学生需要对问题进行深入分析,考虑不同因素的影响,权衡各种选择,并做出明智的决策。这种判断力和分析能力的培养是培养学生综合素养的重要方面,有助于他们在未来的学业和职业中更好地应对各种挑战。

实际操作有助于培养学生的创新思维。在解决实际问题的过程中,学生需要灵活运用知识,寻找创新的解决方案。这种创新思维的培养不仅有助于学生更好地解决当前面临的问题,还能够为他们未来面对未知挑战时提供更多的思考角度和解决路径。"打练合一"教学模式强调学科知识的实际运用,培养学生解决问题的能力,锻炼他们的判断力、分析能力和创新思维,使他们更具备面对各种挑战和复杂情境的自信心,有助于学生在学术和职业领域更全面地发展自己。

四、团队协作与人际关系发展

在团队项目和合作性任务中,学生学会与他人协同工作,分享想法,共同解决问题。这不仅促进了团队协作技能的发展,还培养了学生与他人有效沟通的能力。通过与同学的合作,学生建立了积极的人际关系,进一步提升了他们的社交技能和综合素质。

在团队项目中,学生需要共同合作,分工明确,以实现共同的目标。这个过程不仅锻炼了学生的协同工作能力,还培养了他们有效地在团队中扮演不同角色的能力。学生在团队中学会了分享责任,互相支持,形成团结协作的氛围,这对于他们未来的职业发展和在团队工作中的表现都至关重要。在合作性任务中,学生与团队成员进行频繁的沟通和交流,有助于他们发展清晰表达观点的能力,提高听取他人意见的耐心和技巧。通过与不同背景和思维方式的同学合作,学生能够更好地理解沟通的重要性,并学到如何在团队中进行高效沟通,使信息流畅传递,减少误解和冲突。

团队项目为学生提供了与同学深入合作的机会,通过共同努力解决问题,建立了积极的人际关系,有助于培养学生的团队协作意识,增强集体荣誉感。同时,学生在团队中学会尊重他人观点、理解不同文化背景,提升了跨文化沟通的能力。这种人际关系的建立对于学生适应未来职场和社交生活都具有积极的影响。通过团队合作,学生在集体中学习社交技能,包括团队中的决策过程、解决冲突的方法、有效的领导与追随等。这些社交技能在学生未来的职业生涯中将发挥关键作用,因为团队合作是现代职场中不可或缺的一部分。在团队项目中，学生面对的问题通常是复杂而多样的，需要通过创新和团队协作来解决。这有助于培养学生独立思考、创新思维和解决问题的能力。通过与团队成员分享不同的观点和思路，学生能够拓展自己的思维边界，提高解决问题的灵活性和效率。

团队项目和合作性任务为学生提供了一个全面发展的平台，有效促进了学生协同工作、沟通、人际关系和社交技能的全面提升。通过"打练合一"教学模式，学生在提升武技的基础上获得了更为全面的发展，自信心得到了强化，综合素质得到了提升。这种全面的发展将使学生更好地面对未来的学业和生活挑战。

第三节　实施挑战与问题解决

"打练合一"教学模式的实施标志着一种教育理念的转变，强调在学习过程中将理论知识与实际操作有机结合。其中，挑战与问题解决成为该教学模式的核心元素。通过这一教学模式，学生将不再被动地接受知识，而是积极参与解决实际问题的过程，培养解决问题的能力。这种以实践为导向的教学模式不仅促进了学生深度学习，更为学生提供了应对各种挑战和复杂情境的机会，从而为他们未来的发展打下了坚实基础。

一、真实场景模拟

注重模拟真实场景并使学生置身于实际问题中是"打练合一"教学模式中的一项关键策略。这种方法有效地将理论知识与实际应用相结合，提高了学生对问题本质的理解和解决问题的能力。

通过案例分析、模拟实验、实地考察等方式，学生可以亲身经历和面对真实场景中的问题。这种亲身体验有助于深化学生对问题的理解，使他们不仅在理论层面上了解问题，更能够感受到问题的复杂性和多样性，帮助他们形成更全面、系统的知识结构。将学生置身于实际问题中，要求他们进行案例分析或模拟实验，这就需要他们运用所学的理论知识来解决实际问题。通过这个过程，学生不仅能够理解知识的抽象概念，还能够学会将这些知识应用于实际情境，培养实际应用的能力。

面对真实场景中的问题，学生需要运用已学知识进行解决。这种解决实际问题的过程不仅强化了学生的解决问题的能力，还提供了实践经验，有助于学生在未来面对类似问题时更加游刃有余。在真实场景中，学生可能需要综合运用不同学科的

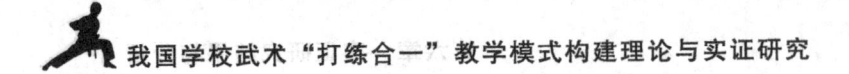

知识来解决问题。这有助于打破学科间的界限，促进跨学科知识的综合应用。学生能够意识到问题是综合性的，解决问题需要多学科知识的融会贯通，从而培养了他们的跨学科思维能力。实际问题往往伴随着不确定性和复杂性，学生在真实场景模拟中面对这些情境，需要适应并制订解决方案。这种经验能够增强学生在复杂情境下应对问题的能力，培养他们的灵活性和创新思维。

二、设定挑战性任务

教师在教学设计中设置具有一定难度和挑战性的任务，要求学生动手解决。这些任务通常需要学生运用所学知识，结合实际情境提出解决方案。这种任务的设置激发了学生主动学习的兴趣，同时锻炼了他们的分析和解决问题的能力。

挑战性任务能够激发学生的主动学习兴趣。学生在面对具有挑战性的任务时，通常会更加积极主动地参与，因为他们渴望突破自己的认知边界，探索新的知识和技能。这种学习方式更贴近学生的学习动机，使其在解决问题的过程中更加投入。这类任务要求学生运用所学的知识来解决实际问题。通过将理论知识应用于实际情境，学生不仅巩固了已学知识，还能够更深入地理解知识的实际应用价值。这有助于建立知识与实际问题解决的连接，提高学生的学科整合能力。这类任务通常与真实场景相关，要求学生结合实际情境提出解决方案。这培养了学生的求知性思维，使他们能够在实际应用中灵活运用所学知识，为解决复杂问题提供创新和有效的解决方案。

通过在教学设计中设置挑战性任务，激发了学生的学习兴趣，培养了他们的实际应用能力和解决问题的能力，使学生能够更好地面对未来的学习和职业挑战。这种任务设计体现了教学的实践导向和问题导向的理念。

三、团队合作解决问题

将学生组织成小组，共同面对挑战性问题，并通过团队合作来攻克问题，是"打练合一"教学模式中强调的重要策略。这种团队合作的方式在多个方面对学生的发展产生了积极影响，包括协同工作能力和团队精神的培养。

通过小组合作，学生需要共同协作来解决挑战性问题。在这个过程中，学生不仅能够发现自己的优势和不足，还能够学到与他人有效合作的技能。这种协同工作能力的培养是学生综合素质发展中至关重要的一环，也是现代职场中所需要的重要技能之一。团队合作提供了学生分享知识和思路的平台。每个团队成员都带有独特的知识和观点，通过相互交流，可以拓展每个人的思维边界。这种知识分享和思路交流有助于团队形成更全面、综合的解决方案，提高问题解决的效率和质量。

团队合作培养了学生的创新能力和多元思维。每个团队成员都能够为问题的解决提供独特的见解和方案。通过这种多元思维的碰撞和交流，学生更容易产生创新的想法，从而更好地应对复杂的挑战性问题。学生在团队中需要共同努力，每个成员的贡献对于整个团队的成功都至关重要。这培养了学生的团队意识和责任感。学生学会在集体中分工合作，理解每个人的角色对于整个团队的成功有着不可替代的作用，从而认识到了团队合作的重要性。

团队合作促进了学生的沟通和交流技能的发展。在共同解决问题的过程中，学生需要清楚表达自己的观点，理解他人的意见，并有效地协商和合作。这种沟通技能的提高对于学生未来在职场和社交中都具有重要的价值。成功解决挑战性问题带来的成就感不仅仅是个体的，更是整个团队的。这种共同攻克问题的成就感能够激发学生的学习热情和自信心，同时增强他们面对未来挑战的信心。

通过将学生组织成小组，鼓励团队合作，该教学模式不仅培养了学生的协同工作能力，而且促进了团队精神的培养。

四、开放性问题引导思考

在教学中引入开放性问题，鼓励学生独立思考、探索问题的不同解决路径。这种方法能够培养学生的创新思维和主动学习的态度，使他们在解决问题的过程中逐渐建立起批判性思维。开放性问题通常没有唯一的标准答案，这激发了学生的创新思维。学生在解决这类问题时，需要思考不同的解决途径和创新的方法，而不只是靠记忆和套用已有的知识。这种创新思维的培养对于学生在面对未来的挑战时具有重要价值。

面对开放性问题，学生需要展开自己的思考和研究，拿出自主学习的态度。学生不再仅仅是被动接受信息，而是学会主动去寻找、分析和理解问题，从而养成自身对学习的主动性和积极性。开放性问题鼓励学生尝试不同的解决路径，有助于拓展学生的思维方式。学生在尝试不同的解决方案时，逐渐形成更加灵活、开放的思考方式，培养了自身处理问题的多样性。面对开放性问题，学生需要进行批判性思考，评估不同的解决方案的优劣。这种思考方式培养了学生的批判性思维，使他们能够更全面、深入地思考问题，提高分析和判断问题的水平。

引入开放性问题使得学习变为问题导向。学生通过解决问题来获取知识，而不是简单地接受知识。[①] 这培养了学生从实际问题出发的学习方法，更好地将知识应

---

① 武冬，吕韶钧. 高等学校武术课程体系改革研究 [J]. 北京体育大学学报，2013，36（3）：92—98.

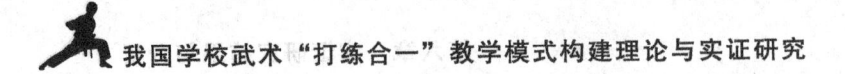

用于实际情境。开放性问题往往伴随着一定的难度和挑战，学生在解决这类问题时需要克服困难。这培养了学生面对困难的勇气和耐心，提高了他们解决实际问题的能力。面对开放性问题，学生需要综合运用各种学科知识和技能。这有助于学生跨学科地思考和解决问题，提高他们的跨学科整合能力。

通过引入开放性问题，该教学模式不仅培养了学生的创新思维、主动学习态度和批判性思维，同时提高了他们面对问题时的综合运用能力。这种以问题为导向的学习方法更符合现代教育的需要，培养了学生更为全面的素养。

五、反馈和讨论环节

学生完成任务后，进行反馈和讨论，分享各自的解决方案和经验。这有助于学生从多个角度审视问题，丰富他们的思维层次。同时，通过反馈，学生能够更好地理解问题的解决过程，提高问题解决的效率。

反馈和讨论环节为学生提供了一个分享和倾听的平台，使得不同团队能够从多个角度审视问题。每个小组都可能采用不同的方法和策略，通过分享，学生能够了解到不同的解决途径和思维方式，拓宽了他们对问题的理解角度。在讨论过程中，学生之间的交流促使了他们更深层次的思考。通过分享自己的解决方案，学生可能会受到他人的启发，产生新的观点和思路。这有助于丰富学生的思维层次，培养他们的问题理解能力。通过学生之间的反馈和讨论，问题的解决过程得以更快速、高效地进行。学生可以从他人的经验中学到解决问题的有效方法，避免走弯路，提高了解决问题的效率，未来将更有信心面对和解决类似的挑战。

在反馈和讨论环节，学生需要审视和评价不同团队的解决方案。这培养了学生的批判性思维，使他们具备独立思考和判断的能力。学生通过对他人方案的评估，能够更全面地理解问题的多个方面，提高了分析问题的深度。学生在讨论中分享各自的解决方案和经验，从中学到了彼此的技能和方法。这种分享有助于学生互相借鉴，提高自己的技能水平。同时，通过分享成功的经验和面对困难时的解决办法，学生将能够更好地面对未来的类似问题。

反馈和讨论环节有助于建立一个学习社群，促进学生之间的互动和合作。学生能够在这个社群中建立联系，形成学习网络，相互支持和鼓励，进而提高自身的学习动力和促进彼此间的学习合作。通过反馈和讨论环节，学生得以在一个开放的环境中分享和学习，这对于他们的学习和个人发展都具有积极作用。这一过程不仅巩固了所学知识，更培养了学生的团队协作精神、批判性思维和解决问题的能力。

六、实践与理论相结合

"打练合一"教学模式强调实践与理论相结合,将学生置身于实际问题中,通过解决问题的实践活动来巩固和应用所学的理论知识。这种融合的教学方法有助于打破传统理论与实践的隔阂,使学生更全面地理解和更灵活地运用所学的知识。

实践与理论相结合的教学模式使学生在实际问题中应用所学的理论知识,从而深化对理论的理解。理论知识在实践中的应用过程中,学生能够更清晰地认识理论的实际意义和应用场景,使理论不再是抽象的概念,而是具有实际指导意义的工具。实践中的问题往往是复杂多样的,学生需要调动各方面的知识来解决,这有助于打破学科间的界限,促进知识的交叉运用,培养学生的综合应用能力。

通过将理论知识应用于实际问题,学生不仅理解了知识的理论框架,还培养了解决实际问题的实际技能。这种实际技能涵盖分析、判断、创新等多个方面,使学生在面对实际情境时更具备应对挑战的能力。实践活动可以加强学生对理论知识的记忆与理解的关联。在解决实际问题的过程中,学生需要回顾和应用之前学到的理论知识,从而提升将理论知识转化为实际操作的技能,提高记忆的深度和持久性。

实践与理论相结合的教学模式促使学生具备实际操作的能力。理论知识的运用需要学生具备一定的实际动手能力,而不仅仅是书本上的理论分析。这种能力培养可以帮助学生更好地适应未来实际工作和生活中的挑战。学生在实际问题中应用理论知识,可以更好地理解学科领域的实际应用,提高对行业和领域的适应能力。这对于学生未来的职业发展具有重要意义,使他们能够更顺利地融入职业生涯。通过实践与理论相结合的教学模式,学生不仅能更全面地理解所学理论知识,还能在实际操作中巩固这些知识,培养实际操作能力和综合应用能力。这种教学方式有助于为学生提供更为实用和有深度的学习经验,使他们更好地应对未来的挑战。

通过以上实施方式,"打练合一"教学模式不仅帮助学生在实际操作中培养了解决问题的能力,同时激发了学生对知识的兴趣,提高了学习的深度和广度。

第四节　教师观点与经验分享

在"打练合一"教学模式中,教师的角色不仅仅是传授知识的人,更是引导学生将理论付诸实践的重要推动者。通过丰富的观点和经验分享,教师在这一创新教学模式中起到了激发学生兴趣、培养实际应用能力的关键作用。以下是一些教师在

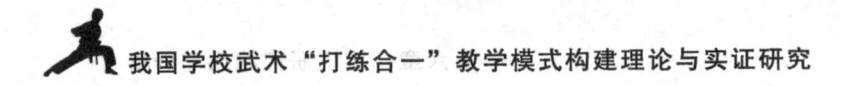

实践中的观点与经验,希望为学生提供有益的指导和引发他们进行深刻的思考。

一、实践是最好的学习方式

教师强调实践是学习的关键。通过将理论知识与实际问题相结合,学生更能深入理解并应用所学的知识。教师认为,真实场景中的实践是培养学生创新思维和实际应用能力的最佳途径。

实践是深化理论理解的有效途径。学生通过将理论知识应用于实际问题,不仅能够记住概念,更能够理解其背后的实际意义。在实际问题的解决过程中,学生需要运用理论知识来解决问题,从而更深刻地理解理论的应用和作用。实践中的问题涉及未知和复杂性,这促使学生发展创新思维。在面对实际问题时,学生需要思考新颖的解决方案,寻找创新的途径。这种创新思维的培养不仅对学生的学术研究有益,也在未来职业发展中具有重要价值。

实践是培养实际应用能力的最佳途径。通过解决真实场景中的问题,学生在实践中锻炼了将理论知识应用到实际情境的能力,以后将能够更好地适应未来工作和生活中的复杂挑战。在实践中解决问题可以提高学生的问题解决效率。学生通过亲身经历问题解决的过程,能够更快速、更直观地理解问题的本质,培养迅速而准确地分析和解决问题的能力。实践使学生能够更深入地理解所学学科。理论知识在实际应用中得到验证,学生对学科的实际应用和领域的需求有了更为直观的认识。这有助于学生更好地为未来职业方向做出明智的选择。

实际问题往往跨多个学科领域,这有助于培养学生的跨学科思维。学生在实践中需要整合来自不同学科的知识,培养跨学科解决问题的能力。在实践的过程中,学生能够看到自己所学知识的实际应用,这有助于提高他们的学习动机。看到理论知识在实际问题中的应用,学生更容易理解知识的重要性,从而更积极地投入学习过程中。通过强调实践是学习的关键,教师在"打练合一"教学模式中致力于培养学生更深入的理解力、创新思维和实际应用能力。这种注重实践的教学理念符合现代教育的趋势,使学生更好地为未来面对复杂挑战做好准备。

二、激发学生主动学习的兴趣

教师致力于激发学生主动学习的兴趣,通过设置具有挑战性的任务和开放性的问题,鼓励学生自主思考、探索解决方案,培养学生对知识的主动追求和学习的积极态度。教师通过给学生提供挑战性的任务,激发了学生的学习兴趣。这些任务涉及解决实际问题或应对复杂情境，要求学生运用所学知识和技能，从而引起学生的好奇心和求知欲。教师通过设置开放性的问题，鼓励学生进行思辨和创新。这些问题没有唯一的答案，要求学生运用批判性思维和创造性思考来解决，从而培养了学生主动思考和解决问题的能力。

通过让学生自主思考和探索解决方案，教师培养了学生的自主学习能力。学生在解决问题的过程中，逐渐形成主动学习的态度，乐于主动追求知识，而不只是被动接受教师的传授。

通过设置多样性的任务和问题，教师满足了学生多样化的学习兴趣。每个学生都有不同的喜好和擅长领域，教师的任务设计考虑到这一点，使得学生在解决问题的过程中能够找到个人感兴趣的点。面对挑战性任务和开放性问题，学生需要运用深层次的思考和分析能力。教师通过这种方式锻炼学生解决问题的能力，使他们在解决实际问题时更具有条理性和深度。

一些挑战性的任务可能需要学生进行团队协作，教师鼓励学生共同思考、分享观点，培养他们的团队合作精神。这种合作不仅促进了学科知识的综合运用，还提高了学生的社交技能。

挑战性任务和开放性问题激发了学生追求卓越的动力。通过让学生面对更高难度的任务，教师培养了他们勇于迎接挑战、不断追求进步的积极态度。成功解决具有挑战性的任务和开放性的问题有助于建立学生的自信心，使他们更愿意迎接未知的学习挑战。通过激发学生主动学习的兴趣，教师不仅提高了学生对知识的渴望程度，也培养了他们解决问题、思考创新的能力。

三、促进团队合作与沟通

在小组项目和合作性任务中，教师强调团队合作与沟通的重要性。他们认为学生通过与同学合作，分享想法，共同解决问题，不仅能够提高团队协作技能，还有助于培养有效沟通的能力。

通过小组项目，学生能够学到如何有效地与他人协同工作。他们需要理解如何分工合作，互相支持，以达到共同的目标。这培养了他们的团队合作技能，这在职场和日常生活中都是至关重要的。小组项目通常涉及复杂问题，需要共同思考和解决。通过与团队合作，学生可以从不同角度获取信息，共同制订解决方案，培养解决问题的能力。[1] 在小组中，学生需要清晰地表达自己的观点和想法。这促使他们

---

[1] 张峰，李文鸿. 学校武术教学改革实施策略[J]. 上海体育学院学报，2016，40（6）：97—102.

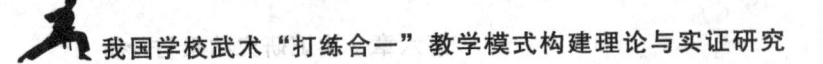

学会用恰当的语言和方式表达自己，提高了口头表达能力。听取团队成员的意见同样重要。通过倾听他人的观点，学生能够更好地理解解决问题的不同角度和思考方式，从而提高倾听技能。

在团队中，不同成员可能有不同的意见。通过沟通，学生需要学习协商和妥协，以达成共同的决策，从而锻炼解决分歧的能力。小组项目提供了一个分享和交流想法的平台。学生能够从他人的创新中获得灵感，激发自己的创造力。团队成员可能来自不同的文化、学科或背景，而这种多元性促进不同思维方式的碰撞，有助于创造性的问题解决方法的产生。在小组项目中，成员之间的互相依赖性促使他们建立起对彼此的信任。这是团队成功的关键因素之一。通过共同努力实现项目目标，学生能够感受到团队的凝聚力。这种共同的经历有助于团队之间建立更强大的联系。小组项目和合作性任务为学生提供了一个模拟实际工作环境的机会，培养了他们在团队合作和沟通方面的技能。这些技能对于学生未来的职业发展和个人成长都具有重要意义。

四、关注学生个体差异

教师注重关注学生的个体差异，鼓励他们发挥自身优势。他们认识到每个学生都有独特的学习风格和擅长领域，通过个性化的指导和支持，帮助学生更好地发挥潜力。不同学生有不同的学习风格，有些人更喜欢视觉学习，而其他人可能更倾向于听觉学习或动手实践。教师了解学生的学习风格，可以调整教学方法，使之更符合学生的个体需求。每个学生都有自己的兴趣和擅长的学科或领域。通过了解学生的兴趣，教师可以更有针对性地设计教学内容，使学习变得更加有趣和有意义。

个体差异引导着差异化教学的理念，即根据学生的需求和水平，调整教学策略和内容，确保每个学生都能够在适合他们的学习水平上取得进步。针对学生的具体需求提供个别辅导，可以使教学更有针对性，弥补学生在某些领域的不足，同时提供额外的挑战，使擅长某方面的学生能够更深入地探索知识。

教师可以将学科内容与实际生活联系起来，以满足学生的兴趣和实际需求。这种关联性有助于激发学生的学习兴趣，使他们更愿意投入学习。为擅长某一领域的学生提供更高层次的挑战，有助于保持他们的学习动机。同时，对于在某些领域遇到困难的学生，提供支持和鼓励也是至关重要的。了解学生的个体差异有助于制订个性化的学习目标，激发学生的责任心和自主学习的能力。通过及时的反馈，教师可以帮助学生了解自己的学习进展，并提供指导以改进学习方法，有助于个体差异的持续发展和改善。

综合而言，关注学生的个体差异并鼓励他们发挥自身优势，有助于创造一个更具包容性和个性化的学习环境，从而提高学生的学习效果和整体学习体验。这种对个体差异的关注反映了教育的真正目标，即满足每个学生的需求，使他们在学习和个人发展方面都能够充分展现自己的潜力。

五、提供及时的反馈与引导

及时的反馈在教育中被认为是学生进步的关键因素之一。通过对学生解决问题过程的反馈，教师能够提供指导、激发思考，并帮助学生更好地理解问题、改进方法，从而促进学习效果的提升。

及时的反馈允许教师纠正学生在学习过程中的错误。通过清晰的解释和指导，教师可以帮助学生理解并纠正他们在解决问题时可能存在的误区，防止错误的延续。反馈还可以揭示学生在某些知识点上的薄弱之处。教师可以通过有针对性的反馈指导学生弥补这些知识差距，确保他们的学习具有坚实的基础。

通过提供启发性的反馈，教师可以激发学生的思考，引导他们深入理解问题的本质。这种反馈有助于培养学生的批判性思维和解决问题的能力。对于表现出较高水平的学生，及时的反馈还可以包含额外的挑战，促使他们超越基本要求，追求更高层次的学术成就。反馈应该是个体化的，因为每个学生都有不同的学习风格和速度。通过了解学生的个体差异，教师可以调整反馈方式，以更好地满足学生的需求。

基于反馈，教师可以实施差异化教学，即根据学生的水平和需求调整教学策略，确保每个学生都能够在适合他们的水平上学习。及时的反馈可以帮助师生建立一个学习反馈循环。学生通过反馈了解自身的学习状态，进而调整学习策略，以实现连续的改进和进步。通过这种循环，学生能够逐渐培养自我调节的能力，学会更好地管理和指导自己的学习过程。积极的反馈可以提高学生的学习动机。及时表扬和肯定学生的努力和取得的成就，可以增强他们的学习兴趣和自信心，促使他们更加积极地投入学习。

及时的反馈是教学中的重要环节，有助于对个体差异的关注、知识的深入理解以及学习动机的提升。通过有针对性的反馈，教师可以在学生的学习旅程中扮演关键的引导者角色，帮助他们更好地掌握知识，培养学科技能，实现全面的学科发展。

六、践行跨学科教学

"打练合一"教学模式强调跨学科教学，即将不同学科的知识融合应用，确保学

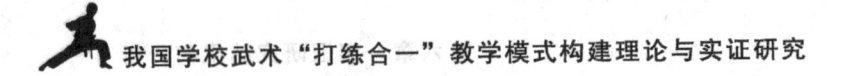

生接触到更广泛、更多元的知识领域,以形成更为全面的知识结构,避免过分专业化的局限。

通过将不同学科的知识进行整合,学生被鼓励以整体性的视角思考问题。跨学科思维使学生能够更好地理解问题的复杂性,寻找更全面的解决方案。跨学科教学模式帮助学生了解不同学科之间的联系和相互影响,促使知识的交叉和互通。这有助于打破学科之间的壁垒,使学生能够更灵活地运用知识解决实际问题。综合运用多学科知识使学生能够更灵活地选择和运用各种解决问题的策略。这培养了学生解决问题的能力,使他们在面对复杂的挑战时能够更具有应对的信心。跨学科教学注重将知识应用于实际情境,使学生能够更好地理解理论知识如何在实际问题中发挥作用。这促使学生养成将理论知识转化为实际解决方案的能力。

综合不同学科的知识有助于激发学生的创造性思维。他们不仅能够运用传统的解决方案,还能够创造性地结合不同学科的元素,提出新颖的解决方案。跨学科教学模式为学生提供了与不同专业背景的同学合作的机会。这种跨界合作可以帮助学生从不同角度获取思维启示,促进创新思维的发展。"打练合一"教学模式强调实际应用,使学生在解决实际问题的过程中能够综合运用各种学科知识,培养学生的实际应用能力,使其更好地适应未来职业和社会需求。在这种教学模式下,教师不仅是向学生传授知识,更是引导学生学会将知识整合并应用于实际问题中。这有助于培养学生全面发展、跨学科思维和解决问题的能力,使其更好地适应未来多学科、复杂性的挑战。

七、培养学生的创新思维

教师鼓励学生具备创新思维,通过引导他们解决开放性问题和面对挑战,培养了学生的创造性思考能力,使他们在探索未知领域时更加自信。开放性问题没有明确的答案,教师通常鼓励学生进行多义性思考。在这种情境下,学生需要运用创新思维,尝试不同的解决方案,培养自身对问题的独特见解。教师通过激发学生对知识的好奇心,促使他们主动提出问题、寻找答案,培养主动学习和创新的倾向。

面对挑战和困难是创新思维的重要组成部分。教师引导学生面对问题时不回避,而是积极寻找解决方案,这样可以培养学生解决问题的能力和抗压能力。教师提供实际问题让学生解决,使他们能够将学到的知识应用于实践,进而增强解决实际问题的能力。通过激发学生的好奇心和探索欲望,教师可以创造一种启发性的学习环境,培养学生的创造性思考能力,使他们更倾向于寻找新颖的、独特的解决方案。教师鼓励学生表达自己的创意和独特见解,不论其是否与主流观点一致。这有助于培养学生的自信心，使他们更愿意在未知领域中冒险尝试。

创新思维涉及整合不同领域的知识。教师通过引导学生解决跨学科性问题，培养了学生在多学科领域中思考和整合知识的能力。创新是一个团队努力的结果。教师可以鼓励学生进行跨学科合作，通过集思广益，共同解决问题，培养学生团队合作和协同工作的能力。创新过程中可能会面临失败，但教师可通过强调失败的价值，鼓励学生从失败中学习，培养学生的坚韧性，使他们在面对困难时更具自信心。

通过这些教学方法，教师不仅培养了学生的创新思维和解决问题的能力，还为他们在未知和不确定的环境中更加自信地应对挑战打下了基础。这样的培养不仅对学生的学术发展有益，也使他们在未来的职业和生活中能勇于面对挑战。

八、建立学习社群

教师强调建立学习社群的重要性是出于对合作学习、共享经验和集体进步的认识。通过鼓励学生互相合作、共享经验，教师创造了一个积极互助的学习环境，使学生在集体中得以更全面地发展。

建立学习社群有助于学生形成共同的学习目标。通过合作解决问题或完成任务，学生学会协作、分工合作，提高了自身团队合作的能力。学习社群中的成员可以相互支持，分享资源和经验。这种支持性的氛围有助于打破孤立感，使学生更愿意互相学习和帮助。在学习社群中，学生来自不同的背景、文化领域和学科领域。这样的多元性促使不同思维方式的交流，扩大了学生的视野，促进了学生的跨学科思考。学习社群为学生提供了分享个人学习经验的平台。通过分享成功经验和应对困难的方法，学生可以从彼此的经验中获益，提高自己的学习效果。

学习社群可以鼓励学生参与辩论和讨论。在这样的环境中，学生可以表达自己的观点、听取他人的意见，并学会以批判性的思维分析和评估不同观点。学习社群中经常涉及解决复杂问题的过程。通过共同思考和讨论，学生不仅解决了问题，还培养了批判性思维和创新性解决问题的能力。在学习社群中，学生更有可能成为自主学习者。他们通过合作和交流，学会自主获取知识、制订学习计划，并对自己的学习进程负责。学习社群提供了一个反思与调整的平台，学生可以通过与他人的交流反思自己的学习方法，并在需要时进行调整和改进。学习社群提供了一个社交网络，使学生能够建立支持性的学术和职业关系。这种社交支持不仅有助于学生学业的成功，也对个体的心理健康和职业发展产生了积极影响。学习社群中的激励和支持可以激发学生的学习动力，使他们更有信心地迎接学术挑战。通过建立学习社群，教师为学生提供了一个共同成长的平台，促进了协作、交流、自主学习和批判性思维的培养。这样的学习环境有助于培养学生的全面发展，使他们不仅在学术上有所提高，也在团队合作和社交关系中获得好的经验。

教师在"打练合一"教学模式中的观点与经验分享致力于引导学生更深入地理解和应用知识，培养他们的实际操作能力、创新思维和团队协作能力，为学生的全面发展奠定了坚实的基础。这种关注学生个体差异、注重实践的教学理念体现了对学生整体素养的关切。

第七章 "打练合一"教学模式的效益评估

"打练合一"教学模式作为一种综合性的教学方法，旨在将不同学科的知识进行整合应用，为学生提供更全面、实际的学习体验。其效益评估需要考察多个方面，包括学生的综合能力、跨学科思维、创新能力等。通过这种模式，学生能够在跨学科的学习环境中培养全面的素养，更好地迎接未来的挑战。

第一节 教育效益评估方法

为了深入了解"打练合一"教学模式对学生学习的实际影响，我们需要采用多维度的教育效益评估方法，全面衡量学生在学科综合应用、跨学科思维、创新以及合作与沟通等方面的表现。通过结合定性和定量的数据收集手段，我们能够更准确地评估这一教学模式对学生全面发展的促进作用。

一、学科综合能力评估

评估学生通过整合学科知识来解决实际问题的能力是"打练合一"教学模式中的核心目标之一。这种评估方法通过项目报告、展示或实际应用情境中的表现，以及跨学科性的考试，旨在全面了解学生对多学科内容的综合运用能力。[1]

教师可以让学生参与设计并实施一个综合多学科知识的项目。这个项目可以是实际的工程、研究、社会问题解决等，涉及多个学科领域。学生需要书写详细的项目报告，介绍项目的目标、方法、过程和结果。在报告中，学生应该清晰地展示对多学科知识的整合应用。学生通过口头陈述和展示的方式向同学和教师展示他们的项目，以检验学生的表达能力，同时使其他学生从同龄人的角度理解和评估其整合

---

[1] 任训学，王春喜. 教学效果评价问卷 SEEQ 信度分析 [J]. 湖北大学学报（哲学社会科学版），2002（4）：76—78.

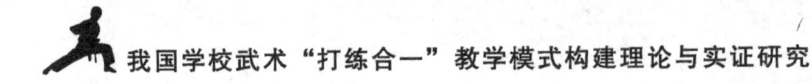

学科知识的应用。

教师可以让学生参与实际应用情境中的项目，将学科知识应用于真实的问题或场景，如实地调查、实验室研究、社区服务等。教师和同学观察和记录学生在实际应用情境中的表现，包括解决问题的方法、创新性思考和团队协作等方面。设计一场跨学科的综合性考试，涵盖多个学科领域的知识，要求学生能够在同一题目中运用不同学科的知识解答问题，测试其对多学科知识的理解和应用能力。同时，提供真实或模拟的案例，要求学生从不同学科的角度分析问题并提出解决方案，评估学生在跨学科情境中整合知识的能力。

教师如果想评估学生整合学科知识的深度和广度，可以通过检查他们在报告、展示或考试中的整合层次、使用的学科数量和涉及的深度学科内容来完成，而想要评估学生解决问题的创新性和独特性，可以通过查看他们在项目中采用的方法、提出的新观点和解决方案的创新性来完成。

通过这些评估方法，教师能够全面了解学生在"打练合一"教学模式下对多学科知识的整合应用能力。这种综合评估不仅有助于衡量学生在整合学科学习方面的整体水平，也为学生提供了在实际情境中运用知识解决问题的宝贵经验。同时，这也反映了该教学模式是否达到培养学生跨学科思维和解决实际问题能力的目标。

二、创新能力评估

教师可鼓励学生在项目中创作创新性作品，如设计、研究报告、艺术品等。通过评估作品的独创性和创新性，了解学生在解决问题时的创造性思维。学生可以通过展示会或演示活动展示他们在学科整合中所提出的创新项目。评估这些项目的原创性、实用性和是否解决问题。学生可以参与设计项目，如产品设计、建筑设计等，展示他们在整合学科知识时的创新思维。学生可以撰写研究报告，通过整合多个学科的研究成果，提出新的见解和解决方案。学生可以通过绘画、雕塑、音乐等艺术形式表达他们的学科整合理念，展示具有创新性的艺术作品。

评估作品的独创性，即它与以往的解决方案或作品相比，是否展现了新颖的思考和创意。考察作品的实际应用性，即它是否能够在实际场景中解决问题或产生实际效果。评估作品是否成功解决了所提出的问题，以及解决问题的方法是否符合整合学科知识的标准。学生参与展示会或演示活动，向同学、教师以及可能的行业专业人士展示他们的创新项目，并通过口头陈述解释他们作品的背后思想、学科整合过程，以及作品的创新之处。

鼓励同学互相进行评价，分享对彼此作品的看法和建议。这有助于学生从不同视角获得反馈,促进他们的创新思维的发展。提供教师的详细反馈,强调作品的优点和提出需改进的建议。这有助于引导学生更深入地思考和改进他们的创新项目。如果可能,将学生的创新项目应用到实际情境中,将其作为案例研究,观察在实际应用中的效果和表现,探讨它在特定领域中的应用和影响。

通过这种方式,教师能够深入评估学生在"打练合一"教学模式中的创新能力。这种对创新性作品的评估不仅激发学生的创造性思维,还为他们提供了在学科整合中展示个人才华和能力的平台。同时,这也有助于培养学生在解决实际问题时的实践能力,使学科知识更具实际应用价值。

三、跨学科思维评估

组织学生参与学科整合的讨论是"打练合一"教学模式中促进跨学科思维和综合能力培养的重要手段。通过小组讨论、辩论或学术论文等方式,教师可以深入评估学生对不同学科之间关系的理解,并在考试或项目中设置相关部分,以促进他们的跨学科思维和整合能力的发展。

设定跨学科的主题或问题,鼓励学生以小组形式展开讨论或辩论。主题可以涉及社会问题、科技发展、环境挑战等,需要综合多个学科的知识。提供引导性的问题,以促使学生从不同学科的角度思考和讨论,激发跨学科思维,引导他们深入挖掘相关知识。要求学生选择一个跨学科的研究课题,撰写学术论文。在论文中,他们需要综合不同学科的理论和方法,深入分析问题并提出解决方案,同时提供教师的指导,确保学生在论文中能够恰当地整合各个学科领域的知识。

在学科考试或项目中设置需要学生运用其他学科知识解答的题目,如综合性问题、案例分析等。在团队项目中,引导学生整合多学科的知识解决实际问题。项目设计需要涉及跨学科领域,鼓励学生协同合作,发挥各自专业优势。鼓励小组成员互相评价,在讨论或项目过程中给予同伴反馈,有助于学生从不同视角理解跨学科关系,并学会有效沟通。提供教师的详细评价,强调学生在跨学科思维和综合能力方面的优势和需改进的地方。使用真实或模拟的案例,要求学生从不同学科的角度分析问题,培养学生在解决实际问题时的综合思考和分析能力。鼓励学生进行实地考察或实习,结合多个学科的知识解决行业实际问题,加深他们对跨学科整合的理解。

通过这些方法,教师可以全面评估学生对不同学科之间关系的理解,并推动他们在整合学科知识、解决问题时展现跨学科思维和综合能力。这种培养方式不仅能够提高学生的学科素养,还促使他们在面对复杂问题时能够运用多学科知识进行全面思考。

四、协作与沟通能力评估

评估学生在团队项目中的协作能力是"打练合一"教学模式中至关重要的一环。协作能力的评估包括分工合作、团队沟通以及解决团队内冲突的能力。通过同行评价、教师评估或自评等方式,以及通过学生的演示或报告来评估他们的表达和沟通能力,有助于全面了解学生在团队合作中的表现。

鼓励团队成员相互评价,评估每位成员在团队中的协作表现。可以使用评价表格或开放性反馈形式,考察学生在分工合作、团队沟通和冲突解决方面的贡献。要求学生对自己在团队协作中的角色和表现进行自我评价,提高学生对自身协作能力的认识,促使他们反思并改进。

在团队协作过程中,教师可以通过定期的团队会议、工作进展报告等方式进行观察,评估学生在分工合作、团队沟通和冲突解决方面的表现。教师还可以与学生进行个别面谈,了解他们在团队中的角色、遇到的挑战以及解决问题的策略,有助于获取更深入的评估信息。

评估学生在团队中的沟通效果,包括书面沟通、口头沟通以及使用团队协作工具的能力。这可以通过观察团队讨论、检查项目文档和沟通记录来实现。考察学生在团队内解决冲突的能力,了解他们是否能够有效地处理分歧,找到妥善的解决方案,可以通过观察团队冲突的处理过程、听取学生描述冲突解决策略等方式来实现。

通过学生的演示或报告,评估他们表达观点、沟通思想和解释学科整合成果的能力,反映学生在项目中的沟通技能和团队协作中的角色发挥。设计明确的评价标准,包括清晰的表达、逻辑性、对话技巧等方面,用于评估演示或报告的质量。定期组织团队反馈会议,让团队成员分享对整个协作过程的感想和建议,有助于识别问题并制定改进计划。鼓励学生提出团队协作的改进计划,包括沟通方式、工作分工、冲突处理策略等方面的调整。

通过这些评估方式,教师能够全面了解学生在团队项目中的协作能力。这种综合的评估方法有助于培养学生的团队协作技能,提高他们的分工合作、沟通和解决冲突的能力,为将来面对复杂问题和工作中的团队合作打下坚实的基础。

四、学习过程反思

鼓励学生记录学科整合的学习过程,并进行反思和总结,有助于学生认识自己的学习过程,包括遇到的困难、克服的挑战以及取得的进步。学生互相进行同行评价，分享彼此的学习经验和观点，可以帮助学生更深入地理解彼此的学科差异和共通之处。

鼓励学生每天记录学科整合的学习过程，包括学到的新知识、面临的问题、解决问题的策略等。学习日志可以以书面形式、电子文档或在线博客的形式呈现。在学习日志中，学生可以明确列出学科整合的学习目标，有助于他们更有目的性地进行学科整合的实践。学生在学习日志中进行反思和总结，强调不同学科之间的联系和共通之处，同时识别和理解学科差异。这有助于培养学生跨学科思维。学生应当记录遇到的困难和挑战，以及面对困难时采取的解决策略。这有助于发展他们解决问题的能力和适应力。

定期组织同行分享会，鼓励学生分享彼此的学习经验和观点，一般通过小组讨论、学术沙龙、展示会等形式进行。学生互相进行同行评价，对彼此的学科整合实践提出建议和反馈。这种同行评价能够促进学生之间的合作和相互学习。教师可以通过个别辅导或面谈的方式，引导学生深入探讨在学科整合过程中的体会和心得。这可以帮助教师更好地了解学生的学习需求和困难，进而提供有针对性的支持。提供定期的反馈，强调学生在学科整合中取得的进步，同时提出改进建议。这有助于学生在学习过程中不断调整和提升。

学生可以在学习日志中进行学业规划，设定短期和长期的学业目标，培养学生自主学习的能力，使其更具自我驱动力。随着学习的进行，学生应对自己的学科整合实践进行反思，并根据反思结果调整学科整合的方法和策略。通过这样的学习过程记录和反思实践，学生能够更深入地理解自己的学科整合过程，提高对不同学科之间联系的认识，培养更为综合和扎实的学科素养。同时，同行评价和教师引导的机制有助于形成一个积极的学习社群，促使学生在共同成长中互相启发和支持。

六、学业成绩和学生反馈

分析学生在综合学科中的学业成绩，包括考试成绩、项目评估、作业成绩等。这提供了一个量化的衡量指标。进行学生反馈调查，了解他们对"打练合一"教学模式的体验和看法，从学生角度获取有关该教学模式效果的信息。

分析学生在跨学科考试中的表现，检查他们对不同学科知识的整合程度。这可以通过综合性考试或包含多学科要素的考试来实现。考察学生在团队项目中的表现，包括项目设计、实施、报告等方面。项目评估可以反映学生在实际问题中整合学科知识的能力。分析学生在综合学科作业中的得分情况，了解他们对课程中不同学科概念的理解和应用能力。创建一份学生反馈调查问卷，涵盖教学内容、教学方法、项目设计、团队合作等方面。确保问卷具有一定的开放性，以便学生能够详细阐述他们的体验和看法。除了问卷调查，通过个别面谈或小组讨论的方式，可以深入了解学生的感受和看法，获取更为具体和细致的信息。

学生反馈调查的内容应包括对教学效果的评价，如对综合学科的理解、跨学科思维的培养等。了解学生在团队项目中的体验，包括分工合作、沟通协作、解决问题的过程等，有助于评估"打练合一"教学模式对学生团队合作能力的影响。征询学生对"打练合一"教学模式的改进建议，可以了解他们对于提升教学效果的期望和建议。将学业成绩的量化数据与学生反馈调查的定性信息结合起来进行综合分析，有助于全面了解该教学模式的优势和可改进的空间。从学生反馈调查中找出重要的问题和主题，深入分析其原因，并提出相应的改进措施。这可以通过定期进行课程评估和教学团队讨论来实现。

通过学业成绩的分析和学生反馈信息的收集，教师能够获取到关于"打练合一"教学模式实施效果的全面信息。这种综合的评估方式不仅可以反映学生在学科整合方面的学术水平，还能够深入了解他们对教学体验的主观感受，为教学的改进提供有力支持。这种定性和定量结合的方法有助于建立更有效的教学策略，促进学生在跨学科学习中的全面发展。通过综合运用这些评估方法，教师可以更全面、深入地了解"打练合一"教学模式所产生的教育效益，从而不断优化和改进这一教学方法。

第二节　课程改进与学习成果展示

在"打练合一"教学模式中，课程改进和学习成果展示是不可或缺的组成部分，旨在不断提升教学质量、激发学生学习兴趣以及展示他们在多学科整合中取得的成绩。通过精心设计的改进措施，我们致力于创造一个更富挑战性、启发性，同时也更能够培养学生综合能力的学习环境。同时，学习成果展示作为课程的巅峰，将为学生提供展示和分享他们学科整合成果的机会，凸显他们在解决实际问题中的创造性思维和协作能力。

一、课程改进

（一）多元化教学策略

引入不同的教学方法是创新学校武术"打练合一"教学模式的关键之一。通过案例分析、小组讨论、实地考察等方式，可以更好地满足学生多样化的学科需求，同时结合最新的教育技术，如在线资源和虚拟实验，以拓展学科整合的可能性。①

1. 案例分析

利用武术历史、文化背景等案例，将武术与历史、文学等学科融合，帮助学生更全面地理解武术的发展和文化内涵。通过实际案例，让学生在解决问题的过程中体验到武术在实际生活中的应用，提升他们的实际技能。以武术为载体，引入项目式学习，让学生跨学科地解决实际问题，培养综合素质。结合设计思维，通过武术动作的创新设计，培养学生的创造力和解决问题的能力。

2. 小组讨论

安排小组讨论，让学生共同分析武术动作的科学原理，培养团队协作和沟通能力。将小组讨论扩展到跨学科领域，让不同专业的学生共同思考武术在不同学科中的应用。安排学生进行实地考察，亲身感受武术的实际练习环境，促进实战技能的培养。同时，结合实地考察，深入探讨武术的文化传承，使学生更深刻地了解武术背后的故事。

3. 在线资源利用和虚拟实验

利用在线资源，采用多媒体教学手段，展示武术动作的细节，帮助学生更好地理解和模仿。创建在线学习社区，让学生分享学习心得，形成互助学习的平台。利用虚拟实验平台，进行武术技能的模拟练习，帮助学生在虚拟环境中熟练掌握动作。结合虚拟实验技术，引入智能交互，使学生能够在虚拟环境中得到实时反馈，以提高学习效果。

通过引入这些创新的教学方法，结合在线资源和虚拟实验，学校武术"打练合一"教学模式能够更好地满足学生多元的学科需求，为学生提供更为丰富和有趣的学习体验。这样的创新教学方式将有助于培养学生全面发展的能力，使武术教育更符合时代潮流。

（二）项目设计优化

在学校武术"打练合一"教学模式中，团队项目设计是培养学生全面素质和学科整合能力的关键环节。为确保项目的质量和有效性，定期评估和优化团队项目设

---

① 刘铁芳.健全人的核心素养及其课程设计[J].全球教育展望，2016，45（09）：11—20.

计是至关重要的。这一过程不仅要求项目具有足够挑战性,还需要引导学生有序整合不同学科的知识。

1. 定期评估项目设计

定期评估项目的学科整合程度,确保项目涵盖多个学科领域,促使学生在实践中融会贯通。观察项目是否对各学科知识进行深度覆盖,确保学生在项目中能够深入理解相关知识点。检视项目设计是否符合学科整合的目标,以确保学生在项目中能够实现全面发展的目标。

2. 优化项目设计

通过学生反馈、教师观察等方式收集项目实施中的问题和挑战。根据反馈结果对项目设计进行优化和改进,以适应学生的学科整合需求。引入创新元素,使项目更富有挑战性,激发学生的兴趣和创造力。

3. 引入实际案例

以实际案例为基础,设计以问题为导向的项目,让学生直接应用所学知识解决现实问题。利用实际案例进行情境模拟,使学生置身于真实的问题情境中,增强学科整合的实践性。通过实际案例,搭建跨学科的知识桥梁,促进学科之间的有机连接。

4. 提高项目挑战性

设计项目的层次结构,逐步增加学生面对的挑战,保证项目的适应性和挑战性。制定多元的评估标准,既包括学科知识的掌握,又包括团队协作、创新思维等方面的能力。鼓励学生在项目中展现创造性,引导他们提出独特的解决方案,从而提高项目的挑战性。

5. 增进团队协作

通过项目设计,设立不同角色和任务,促进学生在团队中的分工合作。引导团队成员在项目中协同学科,共同解决综合性问题,培养协作意识。定期进行团队反思,促进学生对团队协作的认识和提高。

通过定期评估和优化团队项目设计,学校武术"打练合一"教学模式可以确保项目具有足够的挑战性和学科整合性,为学生提供更为丰富和深刻的学习体验。这种精心设计的项目将促使学生在实践中全面发展,形成跨学科思维。

(三) 个性化学习支持

在学校武术"打练合一"教学模式中,了解学生的学科偏好和擅长领域,为他们提供个性化的学科整合支持和指导至关重要。设置灵活的学科选择模块,让学生更自主地探索跨学科学习。

1. 学科偏好调查

在课程开始阶段进行初步学科偏好调查,了解学生对不同学科的兴趣和偏好。定期更新学科偏好信息,以适应学生学科兴趣的变化和发展。设立灵活的选修课程,让学生根据个人兴趣选择相关学科,促进跨学科的学习体验。鼓励学生自主选择学科整合模块,激发他们对不同学科的好奇心,培养他们学科整合的主动性。

2. 个性化辅导

设立导师制度,为每位学生分配专门的导师,负责了解学生的学科需求,提供个性化辅导。协助学生制订个性化的学业规划,根据他们的学科偏好和职业兴趣,引导其进行深入学习。在学科整合项目中,为学生提供个性化的选题和任务,使他们能够在擅长的领域中充分发挥优势。项目中引入导师指导,这样可以提供专业的学科支持,帮助学生更好地完成项目任务。

3. 跨学科导向的评估

采用多元的评估方式,既考察学生学科知识的掌握,又关注学生在跨学科项目中的表现。设立及时的反馈机制,根据学生的学科整合能力提供具体建议,促进其全面发展。定期举办学科整合展示活动,让学生展示在项目中学到的各学科知识和技能。建立跨学科学习社区的在线平台,鼓励学生在学科整合活动中互相交流,分享自己的学科整合经验和心得。通过互相交流的机会,让学生在社区中获得对学科整合的更多启发和支持。

通过以上方法,学校武术"打练合一"教学模式可以更好地满足学生的个性化学科整合需求,促使他们在学科学习中更加自主、积极地探索跨学科的可能性。这种个性化支持和指导将激发学生的学科兴趣,提高其对学科整合的投入度和热情。

(四) 实践经验增加

在学校武术"打练合一"教学模式中,强化实践经验的融入不仅是提升学生学科整合能力的关键,也能促使他们在实际场景中更好地应用跨学科知识。

1. 实践经验促进综合素质提升

鼓励学生参与实际项目,通过参与项目管理、执行等活动,培养其团队协作、领导能力。引导学生参与社会服务项目,使他们更好地理解社会问题,培养责任感和公民意识。提供行业实习机会,让学生在专业领域中实践,将学科知识应用于实际职场环境。实习经历能够为学生提供深刻的学科整合经验,加强理论与实践的结合。

2. 跨学科知识在实际场景中的应用

引导学生参与实际问题解决,让他们将跨学科知识应用于解决真实世界中的难题。通过实际案例,展示学科整合在解决实际问题中的应用,激发学生对跨学科知识的兴趣。在学科整合项目中强调实际经验,使学生在职场中更具竞争力。实际实习和项目经验能够培养学生实际职业技能,为未来职业发展奠定基础。

3. 实践经验促进跨学科思维的发展

实践经验有助于学生从实际问题的角度拓展跨学科思维,培养综合性思考的能力。实际项目中的跨学科团队协作促进不同学科的知识交流,拓展学科整合的广度和深度。通过实际项目和实习经验的反馈,帮助学生更深刻地理解学科整合的实际应用价值。将实际问题的解决作为学科整合教学的实例,使学生更容易理解和接受学科整合的概念。引导学生参与社会服务项目,培养他们对社会问题的关切和解决问题的能力。通过实际社会服务项目的案例,展示学科整合在解决社会问题中的实际影响力。

通过在教学中强化实践经验的融入,学校武术"打练合一"教学模式能够更好地培养学生的实际应用能力,提升其综合素质和职业竞争力。这种实际经验的注入将使学科整合不再停留于理论层面,而是真正落地于实际应用中。

二、学习成果展示

(一)综合性项目展示

在学校武术"打练合一"教学模式中,安排学生参与综合性项目展示是推动学科整合教学的关键步骤。通过这种方式,学生有机会向校内外展示他们在多学科整合中所取得的成果,促进学科整合教学的发展。

1. 全面展示学生综合素质

通过展示学生的学科整合项目，全面展示他们在多学科中的综合素质，包括学科知识、团队协作、创新思维等方面。展示学生在项目中的管理能力，如时间管理、任务分配等，突显其综合性的学科整合技能。

2. 提升学生自信心和表达能力

通过项目展示，学生有机会提升演讲和表达能力，从而更自信地向观众介绍他们的学科整合项目。

3. 创设实际应用场景

利用实物展示、模拟演示等形式，创设实际应用场景，将学生项目的实际应用场景还原到展示现场，使观众仿佛置身于实际项目环境中，进而更好地理解学科整合项目的实际应用价值。

4. 鼓励跨学科思维的展示

学生可以运用思维导图等形式，展示他们在学科整合过程中的跨学科思维，呈现知识之间的关联性。通过交叉分析的方式，生动展示学生在整合不同学科知识时所运用的创新思维过程。

5. 促进学生团队协作

学生以团队为单位展示项目，凸显团队协作的重要性，体现整个团队在学科整合中付出的努力和取得的成果。在展示中设置互动环节，让观众了解学生团队是如何协作、沟通的，促进学生团队协作能力的发展。

6. 形成校内外交流平台

学生的项目展示可以成为校内外的学术交流平台，吸引更多人参与、分享和讨论，推动有关学科整合的学术交流。展示项目能吸引社会各界的关注，这便为学生提供了与外部合作伙伴交流合作的机会，拓展了项目的影响力。

7. 培养学生自我推广意识

学生通过项目展示培养自我推广意识，学会如何有效地向他人介绍和宣传自己的学科整合项目。项目展示是培养学生职业素养的机会，能让他们学会在公众场合中自信、专业地表达自己。

通过学生参与综合性项目展示，学校武术"打练合一"教学模式能够有效促进学科整合教学的深入发展，使学生在展示过程中不仅更好地呈现学科整合的成果，同时也培养了一系列与沟通、表达相关的综合素质。

（二）校园展览和社区互动

在学校武术"打练合一"教学模式中，举办学科整合展览是将学科整合成果呈现给校内外师生和社区的有力方式。鼓励学生参与社区活动，分享学科整合的成果，有助于促进学术与社区的互动。

1. 校内展览弘扬学习氛围

学科整合展览是向校内师生展示学生在多学科整合中所取得的成果的理想场所。通过展览，可激发学生对学科整合的兴趣，营造浓厚的学术氛围，促进同学之间的学习交流。学生通过参与展览，可提升自我推广能力，学会如何向校内师生宣传和介绍自己的学科整合作品。

2. 社区互动促进校际合作

将学科整合展览向社区开放，鼓励社区居民参与，促进校际合作，使学校与社区形成更紧密的联系，实现校园与社区的融合发展。学科整合展览是将学生在实际项目中获得的成果呈现给观众的机会，使大家更好地理解学科整合的实际应用价值。社区居民通过展览了解学生的实际成果，可能从中受益，形成良性的知识互动关系。

通过参与社区活动，学校形象将得到提升，社区居民更容易认同学校在学科整合方面所作出的努力。学科整合展览是学校对社区的一次宣传机会，有助于提高学校在社区的知名度和声誉。通过与社区居民的互动，学校能够获得来自社区的反馈，不断完善学科整合教学模式，使其更贴近社区需求。

3. 增进师生互动与合作

教师可以通过参与展览指导学生，促进师生之间更深层次的互动与合作。学科整合展览是师生相互启发的机会，通过展示学生的创新成果，能够激发教师对新思路的思考。

通过学科整合展览与社区互动，学校武术"打练合一"教学模式将学术成果呈现给更广泛的受众，促进学校与社区的共同发展。这样的交流活动有助于校园与社区建立更紧密的联系，形成双向的知识传播和互惠共赢。

（三）数字化平台分享

在学校武术"打练合一"教学模式中，利用数字化平台建设学科整合的在线展示空间，为学生提供通过网络分享学科整合成果的机会。通过在学校网站或社交媒体平台发布学科整合项目信息，可以拓展学校影响力，促进学术与社会的更广泛互动。

1. 学科整合在线展示空间的建设

利用学校网站或专门的在线平台，建设学科整合的在线展示空间，为学生提供一个展示成果的数字化平台。在线展示可以包括文字、图片、视频等多媒体形式，使学科整合的成果更生动、直观。学生可以通过数字化平台主动参与分享自己的学科整合成果，增加学生的参与感和积极性。学生无论身处何地，都能通过网络进行学科整合成果的远程分享，实现信息传递的无时差性。

2. 提高作品曝光度与可见度

将学科整合成果发布在社交媒体平台上，提高作品的曝光度，吸引更多人关注。在学校网站上设置学科整合专栏，通过分享链接，方便师生及社区居民访问和了解学科整合项目。利用数字化平台的在线评论功能，促进师生之间的交流，增进对学科整合项目的深度理解。学生通过在线平台可以更便捷地发起或参与学科整合项目的线上合作，促进跨学科合作的形成。

3. 实时更新展示内容

学科整合的在线展示空间可实时更新，及时展示学生最新的研究成果和学科整合项目。学生可以定期更新项目进展，使师生和社会更好地了解学科整合的深度与广度。将学科整合项目发布在专业学术平台上，提升项目的学术影响力，可以吸引更多专业人士的关注。通过在线展示，学生能够获得更广泛的学术交流机会，促进学术合作的深入发展。通过社交媒体平台，学科整合项目能够得到更广泛的传播，获得社会的认同和支持。在线平台上展示学科整合成果有助于吸引企业的关注，推动校企合作，为学生提供更多实践机会。

通过这些课程改进和学习成果展示的手段，"打练合一"教学模式旨在营造更富有活力、启发性，以及具有实际应用价值的学习环境，为学生提供更全面、深入的学科整合体验。

第三节 社会参与与文化传承

在"打练合一"教学模式中,社会参与与文化传承是促使学生更深入地融入社会、拓展文化视野的关键。这一教学模式鼓励学生不仅在课堂内学到知识,还要将所学的知识运用于实际生活,积极参与社会活动,并传承、弘扬本土文化。

一、社会参与

(一) 社会实践项目

推动学生参与社会实践项目是一种促进综合素养养成和跨学科知识应用的有效途径。通过社区服务、环保活动和义工工作等项目,学生不仅能够将学科知识运用于实际社会问题的解决,还能培养实际操作能力、团队协作精神以及社会责任感。

社会实践项目为学生提供了一个将不同学科知识整合应用的机会。例如,在参与环保活动时,学生需要了解生态学、地理学、化学等多个学科的知识,才能更好地理解和解决环保问题。这有助于打破学科之间的界限,培养学生的综合素养。社会实践项目强调实际动手操作,促使学生将理论知识转化为实际技能。例如,参与社区服务项目的学生可能需要设计和执行一项社会调查,这涉及统计学、社会学等多个领域知识的运用,同时培养了学生的实际操作能力。

社会实践项目通常需要学生与他人合作,这有助于培养学生的团队合作和沟通技能。通过与教学团队和社会机构的合作,学生能够学会倾听他人意见、有效沟通,并共同解决问题。[1] 参与社会实践项目可以使学生更加关注社会问题,增强他们的社会责任感。通过亲身经历,学生能够更好地理解社会的需求,进而积极参与社会活动,为社会发展贡献力量。

为了确保社会实践项目的有效性,教学团队与社会机构之间的合作至关重要。双方可以共同设计项目,明确学生参与的任务和目标,并提供相应的支持和资源。这种合作模式有助于项目的顺利实施和学生的全面发展。在社会实践项目结束后,进行全面的评估和反思是必要的,包括评估学生在项目中所取得的成果、对跨学科知识的应用情况、团队协作表现等,通过反思,学生可以更好地理解自己在项目中

---

[1] 武冬.高等学校武术课程体系改革研究[J].北京体育大学学报,2013,36(3):94-98+105.

获得的成长和学到的经验。

社会实践项目为学生提供了一个融合理论与实践的学习环境,通过与社会互动,他们能够更好地理解和应用学科知识,培养实际操作能力,提高团队协作和沟通技能,以及树立社会责任感,为未来的职业发展和社会参与打下坚实的基础。

(二)社会创新竞赛

鼓励学生参与社会创新竞赛,提供解决社会问题的方案,促使他们运用学科整合的能力创造性地解决现实挑战。通过提供资源支持,帮助学生将他们的创新理念转化为实际项目。社会创新竞赛为学生提供了一个思考问题、寻找创新解决方案的机会。参与竞赛的过程促使学生放眼全局,激发他们的创造性思维,培养独立思考和解决问题的能力。

在社会创新竞赛中,学生需要从多个学科领域获取信息并整合知识,以找到全面的解决方案。这有助于打破学科之间的壁垒,培养学生的跨学科整合能力,使他们能够综合运用不同领域的知识来解决实际问题。社会创新竞赛鼓励学生将他们的创新理念转化为实际项目。通过实践应用,学生能够更好地理解他们的创意对社会的影响,并学会如何将理念付诸实践。

学生需要资源支持来将他们的创新理念付诸实践。学校、企业、非营利组织等都可以提供资金、导师、实验室设备等方面的支持,帮助学生更好地实现他们的项目目标。在社会创新竞赛中,学生需要组成团队,共同合作,这能培养学生的团队协作能力、沟通技巧以及有效解决冲突的能力。这是未来工作和生活中至关重要的技能。通过参与解决社会问题的竞赛,学生能够更深刻地认识社会问题,从而激发他们的社会责任感,培养有意识地为社会作出贡献的价值观,明白他们的创新可以对社会产生积极的影响。在竞赛结束后,进行全面的评估和反思是必要的,如评估项目的可行性、创新性、社会影响等方面,通过反思,学生可以更好地理解自己在竞赛中获得的经验教训,为未来的创新活动积累经验。

社会创新竞赛为学生提供了一个全面发展的平台,激发了他们的创造力、解决问题的能力,并培养了实际应用技能以及社会责任感。这种实践性的学习体验将对学生未来的职业发展和社会参与产生深远的影响。

(三)社会调研与报告

引导学生选择社会热点问题来进行跨学科的社会调研,并撰写相关报告,是一种促进学生全面素养发展的教学方法。这种实践不仅有助于学生深入理解社会问题,还培养了他们的调研和报告撰写技能。

鼓励学生选择他们感兴趣的社会热点问题，有助于激发学生的主动性和热情。通过选择感兴趣的主题，学生更有可能投入深入的研究，并能更好地理解和分析问题。引导学生进行跨学科的社会调研，涉及不同学科领域的知识。例如，研究气候变化可能需要地理学、气象学、环境科学等学科的知识。这有助于打破学科的壁垒，培养学生的综合素养。提供学生调研和报告撰写的培训和指导是至关重要的。这可以包括如何设计有效的调研问题、选择合适的研究方法、收集和分析数据、撰写清晰、结构合理的报告等方面的培训。教师可以提供指导，确保学生在整个研究过程中得到支持。

确保学生有足够的资源支持，如图书馆资源、数据库、与采访对象的接触等，有助于学生进行更深入和全面的研究。同时，提供技术支持，使学生能够运用数字工具和技术进行数据收集和分析。此外，鼓励学生进行实地考察和采访，这样可以获得更直观的信息和观点。实地考察可以帮助学生更好地理解社会问题的背景和实际影响，而采访则能够让他们听到不同的观点和学到不同的经验。

引导学生撰写清晰、准确、结构合理的报告。除了论文的内容，报告的表达方式也是一个重要的方面，学生需要学会有效地传达研究结果，使读者能够清晰理解问题和解决方案。

在完成调研和报告后，进行全面的评估和反思是必要的，包括对研究方法、数据分析过程、结论的评估，以及对整个研究过程的反思。通过反思，学生可以更好地了解自己在研究中获得的成长和学到的经验。通过这样的社会调研和报告项目，学生不仅深化了自身对社会问题的理解，还将培养自身跨学科研究的能力、调研和报告撰写的技能，为自身未来的学术研究和职业发展奠定坚实基础。

(四) 社会合作伙伴关系

建立学校与社会各界的合作伙伴关系是一种促进学生全面发展的有效途径。通过与企业、非政府组织（NGO）、社会团体等建立紧密的联系，学校可以为学生提供更多参与社会活动的机会，拓宽他们的视野，培养实际操作能力，并加深对社会多样性和复杂性的认识。

与各界建立合作伙伴关系，为学生提供多元化的社会参与机会，包括参与企业实习、参与 NGO 的社区服务项目、与社会团体合作举办活动等。通过这些机会，学生能够更好地了解不同领域的社会问题，并在实践中学习和应用知识。在与企业、NGO 等合作伙伴进行跨学科的合作项目中，学生可以将不同学科的知识融合应用于解决实际问题。例如，与企业合作进行环境保护项目，学生可以整合地理学、生态学、经济学等多个学科的知识。

合作伙伴关系提供了实施社会责任教育的机会。学校可以与企业、NGO共同开展关于社会责任和可持续发展的培训和课程，使学生深刻理解个人和组织在社会中的责任，并激发他们为社会作出积极贡献的意愿。与企业合作提供实践操作的机会，有助于培养学生的实际操作能力。实际项目可能包括实习、创业项目、社区服务等，使学生能够将课堂知识应用于实际问题中，提高解决问题的实际技能。

合作伙伴关系可以为学校提供更多的资源支持，包括财务支持、设备支持、技术支持等，有助于学校更好地组织和实施社会参与项目，为学生提供更好的学习条件。与企业和社会组织合作开展创新项目，可以培养学生的创新思维。这些项目可能涉及解决实际问题的创新方案，可以激发学生的创造力和解决实际问题的能力。在合作项目结束后，进行全面的评估和反思是必要的，包括评估项目的成效、学生的成长等，通过反思，学校可以更好地调整和改进未来的社会参与项目。

通过建立学校与社会各界的合作伙伴关系，学生将受益于更广泛、更实际的学习体验，培养全面素养，增强社会责任感，为未来的职业发展和社会参与做好充分准备。这种紧密联系还有助于学校更好地履行社会使命，为社会发展作出积极贡献。

二、文化传承

（一）本土文化项目

"打练合一"教学模式旨在将实践与理论相结合，提供学科知识与实际技能的综合性学习体验。在设计课程内容时，融入本土文化元素是一种非常有意义的做法，可以激发学生对传统文化的兴趣，促使他们深入挖掘和研究本土传统文化。

开设一门介绍本土文化的课程，让学生了解本地区的历史、传统、风俗习惯等。通过图书、影像资料等多媒体手段，引导学生认识并建立对本土文化的兴趣。组织学生参与传统手工艺品制作项目，如陶艺、刺绣、剪纸等，让学生感受到传统手工艺品的魅力的同时，掌握实际技能，提高动手能力。

安排学生参与民间艺术的欣赏活动，如传统音乐演奏、舞蹈表演、民间戏曲表演等。这有助于学生对本土文化的艺术表达形式有更深刻的理解，并培养他们的审美情感。鼓励学生选择一个本土文化主题进行深入调研，并撰写相关报告。这可以涵盖文化传承、习俗庆典、传统节日等方面，使学生在实践中提高研究和撰写报告的能力。设计社区参与项目，鼓励学生走出校园，参与本地社区的文化活动或服务项目。例如，参与社区传统节日庆典的筹备、志愿参与本地博物馆的活动等，加深

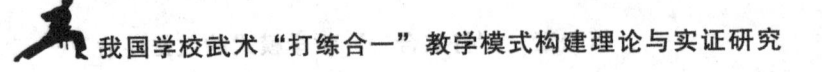

学生对社区文化的认知。

引导学生运用本土文化元素进行创意设计,可以是服装设计、手工制品设计、文化创意产品设计等。通过实际的设计项目,学生能够将传统文化与现代创新相结合,培养创造性思维。

探讨传统文化与现代科技的融合,如数字化传统手工艺品、利用虚拟现实技术展示传统文化等。这有助于拓展学生的视野,将传统文化与现代社会联系起来。定期组织座谈与分享活动,邀请本地文化专家、传承人、艺术家等来校分享经验和见解,有助于学生与实际从事本土文化工作的人员进行互动,促使他们更好地理解和传承本土文化。

通过将本土文化元素融入"打练合一"教学模式中,学生将在实践中提高对传统文化的认知,培养实际技能,同时激发创新思维,实现学科知识与实际能力的有机结合。这不仅有助于学生全面发展,也可以为本土文化的传承和创新注入新的活力。

(二) 文化活动组织

鼓励学生组织文化传承活动,如庙会、民俗节庆等,不仅可以促使学生更深入地了解传统文化,还能培养其团队协作和领导能力。提供学生活动策划和组织的培训课程,介绍活动策划的基本原则、流程、团队协作技巧等,可以使学生更好地理解如何设计和执行一个成功的文化传承活动。

鼓励学生选择有代表性的文化传承活动主题,如特定传统庆典、习俗、传统手工艺等,有助于激发学生对传统文化的热情,同时确保活动具有深刻的文化内涵。将学生分为小组,让他们负责不同方面的活动策划和执行,有助于培养学生的团队协作和领导能力。通过协同工作,学生能够学到如何有效地分工合作、协调资源、解决问题等关键技能。

在活动策划过程中,引导学生学会制订合理的预算,考虑资源的有效利用。这有助于培养他们的财务管理能力,并让他们在实践中学到如何在有限的资源下达成目标。鼓励学生与社区建立合作关系,以得到支持。社区资源的充分利用有助于活动的成功举办,并强化学生与社会的联系。教导学生如何进行活动的宣传和推广,包括利用社交媒体、制作宣传材料、与媒体合作等,培养学生的营销和公关技能。

引导学生在策划过程中考虑可能出现的风险,并制订相应的应急预案。这不仅培养了学生的风险管理意识,也增强了他们应对问题的能力。在活动进行期间,学生应全程参与执行,处理问题并与参与者互动。之后,进行全面的活动反馈,包括成功之处和需要改进之处。通过这样的反思,学生可以更好地了解活动策划与执行的实际情况，提高自己的组织能力。

通过这样的文化传承活动，学生不仅能够亲身感受传统文化，还能够培养实际操作的能力，加强与社会的联系，提高团队协作和领导能力。这种综合性的实践体验将对学生未来的职业发展和社会参与产生积极的影响。

（三）数字化文化展示

创建在线平台，利用数字化技术展示学生对传统文化的理解和创新，是一种现代教育中非常创新和有影响力的方式。通过多媒体手段，如视频、博客等，学生能够更直观、生动地传达他们对本土文化的独特见解。

创建一个专属的在线平台，如学生文化创意展示网站或社交媒体页面。该平台可以用于展示学生对传统文化的理解、创意作品以及对文化传承的思考。鼓励学生运用多媒体手段展示他们的作品，如视频、音频、图片等。学生可以制作短视频介绍传统文化元素，创作音乐或舞蹈，或是通过图文并茂的博客呈现他们的见解。

利用虚拟现实（VR）或增强现实（AR）技术，为学生提供虚拟的文化体验。例如，学生可以创建虚拟游览传统庙宇、民俗村落等的体验，通过数字化技术呈现传统文化的魅力。安排学生进行线上文化讲座，分享他们对本土文化的研究和体验。这有助于提高学生的表达能力，同时为其他学生和社区成员提供学习的机会。利用社交媒体平台，让学生分享他们的文化见解和创意作品。通过互动、评论和分享，学生可以更广泛地传递他们的观点，并从其他人的反馈中获得启发。

举办数字化文化展，邀请学生将他们的创意作品展示在一个线上展览中。这可以是一个持续的项目，为学生提供展示和分享的机会，同时促使他们在创作中不断进步。鼓励学生通过数字化手段编写故事，探讨传统文化中的各种主题。这可以是数字化图书、博客故事、短篇小说等形式，通过文字和图像共同传达学生对文化的思考。组织文化创意比赛，鼓励学生用数字化技术展示他们的创意，并评选出最佳作品，以激励学生今后能更积极地参与比赛。为学生提供数字化文化创意的导师指导，帮助他们更好地组织和展示作品。定期进行评估，以鼓励学生持续改进和提高创作水平。

（四）文化节庆策划

组织文化节庆是一种丰富学生学习体验、促进文化传承的重要方式。通过邀请专家学者和艺术家，学校可以与学生共同庆祝传统文化，激发学生对文化传承的兴趣。学生参与文化节庆策划不仅能够锻炼其组织能力和创造性思维，还可以通过展示他们在学科整合中对本土文化的探索和发现,让更多人了解和欣赏传统文化。

邀请专业领域的专家学者和艺术家参与文化节庆,他们可以提供专业见解、分享研究成果,同时通过艺术表演、讲座等形式为文化节庆增色。鼓励学生积极参与文化节庆的策划与组织。学生可以负责制定节目单、设计展览、安排活动流程等,从中培养自身领导能力、团队合作能力和项目管理能力等。通过文化节庆,展示学生在学科整合中对本土文化的研究成果。这可以包括展览、演出、座谈会等多种形式,使学生的学科知识得以实际运用并展示出来。

在文化节庆中设置传统文化工作坊,让学生和参与者亲身体验传统手工艺、舞蹈、音乐等文化元素。这种互动式的活动有助于加深学生对传统文化的理解。安排专家学者进行关于传统文化的讲座与学术研讨。这既能够向学生和参与者传授专业知识,又能够引导学术探讨,推动文化传承的深入发展。创办文化艺术展览,为学生提供展示自己作品的平台,如绘画、摄影、手工艺品等,通过艺术的形式传达对传统文化的理解。

鼓励学生将文化节庆活动扩展至社区,邀请当地居民一同参与,这样可以更好地促进文化传承,并加深学生对社区文化的认识。结合数字化技术,将文化节庆的精彩瞬间进行在线展示。可以通过社交媒体、学校网站等平台分享照片、视频、学术讲座录像等,扩大活动的影响力。设立评选机制,对在文化节庆中表现出色的学生进行奖励,这样有助于激发更多学生对文化传承的兴趣,营造积极向上的学习氛围。通过文化节庆,学校能够营造浓厚的文化氛围,加强学生与传统文化的联系,培养学生的团队合作与领导能力,并通过学科整合展示学生在传统文化研究方面的成果。这样的活动既能够传承传统文化,又能够激发学生对文化传承的热情。

通过社会参与和文化传承的实践,"打练合一"教学模式旨在培养学生的社会责任感和文化自信心,使他们成为具有全球视野和本土情怀的复合型人才。这不仅促进了学科整合的实际应用,也强调了教育对学生社会参与和文化传承的引导与培养。

第八章 结论与未来展望

展望未来,我们可以期待"打练合一"教学模式在教育领域发挥更为广泛的作用。随着科技的不断发展,数字化技术、虚拟现实技术等技术的引入将进一步丰富教学手段,为学生提供更多的实践机会。我们将继续探索如何更好地整合学科知识,促使学生更好地应用所学,解决现实生活中遇到的问题。同时,我们将通过与社会机构、企业、社区等多方合作,拓展学生的社会视野,使他们能够更好地融入社会,为社会发展做出更积极的贡献。未来,"打练合一"教学模式将成为培养具有创新精神和实际能力的学生的重要途径,助力他们更好地迎接未来社会的挑战。

第一节 研究成果总结

随着教育理念的不断演进,以及社会对学生全面素养需求的日益强烈,"打练合一"教学模式作为一项创新的研究成果,已经在教育实践中取得了显著的成果。本研究通过对这一教学模式进行深入研究和实践探索,旨在克服传统教学模式的种种局限,将学科知识与实际技能相融合,培养学生更全面、更创新的能力。以下是对"打练合一"教学模式研究成果的简要总结。

一、全面发展学生素养

"打练合一"教学模式强调将理论知识与实际问题相结合,使学生在实际操作中深度理解学科知识。这不仅包括对课本知识的应用,还包括对知识在实际场景中的运用和调整。通过这种方式,学生能够更加全面、深刻地掌握学科知识。

在"打练合一"教学模式中,学生不仅学到了抽象的理论知识,更要面对实际问题并提出解决方案。这锻炼了学生解决实际问题的能力,使他们能够更好地应对复杂的现实挑战。学生在实际项目中不仅需要运用学科知识,还需要综合运用各类技能,如沟通、团队协作、创新思维能力等。因此,"打练合一"教学模式的实施可以提高学生的综合素养，使其在多方面都能够表现出色。

将理论知识应用于实际项目中，学生不仅能理解知识的理论框架，更能够将其转化为实际技能。这包括实际调研、数据分析、解决问题的实践技能，为学生的职业生涯奠定了坚实基础。通过实际项目的参与，学生往往与真实问题产生情感联系。这有助于培养学生的责任感、团队合作意识以及对社会的情感认同。学生通过实践更容易理解和体会到所学知识对社会的实际价值。

"打练合一"教学模式促使学生在不同学科之间进行跨学科的思考。这种综合性的学习使学生能够更全面地看待问题，拥有更灵活的思维方式。通过这样的全面发展，学生在"打练合一"教学模式中不仅是学科知识的接受者，更成为能够综合运用多方面能力的综合型人才，能够更好地迎接未来社会的挑战。

二、跨学科思维能力提升

该教学模式鼓励学科之间的交叉融合，培养学生跨学科思维能力。学生在项目中需要综合运用多个学科的知识，促使他们形成更为全面和灵活的学科思维模式，更好地解决复杂问题。

当前社会问题往往呈现多学科交叉的特点，需要综合运用各个学科的知识来进行全面分析和解决。跨学科思维能力的培养可以帮助学生将所学知识从单一学科的视角拓展至多个学科，实现知识的整合和应用，更好地应对现实生活中的复杂问题。这样的学习方式更符合综合性学习的趋势，使学生能够更全面地理解和把握知识。

跨学科思维使学生更具有适应不确定性挑战的能力。在现实生活中，问题往往不是单一学科的，而是涉及多个领域。跨学科思维使学生能够从不同的学科视角看待问题，拓宽了他们解决问题的视野，更有信心和能力面对不确定性，更好地适应未来的挑战。这有助于培养学生对问题的多角度思考和分析能力，提高解决问题的效果和创新性。

跨学科思维常常是创新的源泉。不同学科之间的交叉融合能够激发学生的创造性思维，使其能够从不同的学科中汲取灵感，产生新的思路和方法。在实际工作中，很多问题需要不同专业领域的专业人士进行合作。具有跨学科思维能力的学生更容易适应多学科团队合作的环境，提高协同工作的效率。

在项目中，学生需要解决实际问题，这往往需要跨足多个学科。项目驱动的教学模式促使学生在解决问题的过程中形成跨学科思维的习惯。教师设计综合性的任务，要求学生从多个学科的角度来解决问题。这有助于培养学生从整体出发、全面考虑问题的能力。教师可以鼓励学生在项目中主动寻找不同学科的知识，并整合运用。这有助于拓展学生的学科视野,培养他们更为综合和灵活的学科思维模式。教师可以引导学生发现不同学科之间的交叉点,促使他们意识到学科之间的内在联系,启发学生跨学科思维的灵感。通过"打练合一"教学模式的实施,学生在解决实际问题的过程中得到的不仅仅是单一学科的知识,更是跨学科思维的培养,从而能够更全面、灵活地应对未来的挑战。

三、实践操作技能的提高

学校武术采用"打练合一"教学模式,将理论学习与实践活动相融合,为学生提供更全面、深入的学习体验。通过实践活动,学生能够将课堂学到的武术理论知识应用于实际问题的解决中,从而达到提高实践操作技能、深刻理解理论知识、培养实际能力的目的。

"打练合一"教学模式在武术课程中能使学生更加深入地理解理论知识的实际应用。传统的武术教学往往注重形式和技巧的训练,但缺乏对背后理论的深入理解。通过实践活动,学生有机会将所学的武术理论融入实际的动作和实战场景中,使理论知识更加具体、实用化。例如,学生在实际搏斗中能够应用战术原理、动作技巧,从而加深对这些理论的理解。

武术强调实际应用,包括动作的精准度、速度、力量的掌握等方面。通过实践活动,学生能够不断练习和改进自己的技能,从而逐渐提高实际操作的水平。[①] 这对于武术来说尤为重要,因为武术不仅仅是理论的学习,更需要通过不断的实际练习来达到熟练掌握的水平。

"打练合一"教学模式培养了学生解决实际问题的实际能力。在武术中,实际应用和实战场景常常需要学生灵活应对,根据不同的情境采取合适的策略和技巧。通过实践活动,学生将面对各种挑战,从而培养了他们在实际情况下迅速做出决策的能力。这种实际能力不仅在武术实战中有用,也对学生日常生活和职业发展具有积极影响。

四、团队协作与领导力培养

学校武术采用"打练合一"教学模式,强调学生在团队中合作,通过共同的目标推动项目的完成。这种教学模式不仅有助于培养学生的团队协作能力,还能够提升他们的领导力,使其能够更好地在集体中发挥优势,解决复杂问题。

---

① 王岗. 对学校武术教育的历史回眸与当代发展的思考[J]. 北京体育大学学报,2016,39(6):90—95.

团队协作在武术教学中是至关重要的。武术往往需要学生在团队中共同练习和对抗，这要求他们相互协作，配合默契。通过实际的武术演练和对战，学生能够学会倾听、理解队友，共同制定战略，并在团队中协同作战。这种团队协作不仅在武术实践中有着显著的作用，也会在学生的日常生活和未来职业发展中产生积极的影响。

通过"打练合一"教学模式，学生在团队中不仅仅是执行者，还有机会充当领导者。在武术团队中，有时候需要有人统筹安排，制定战略，领导整个团队的活动。这种经验有助于培养学生的领导力，使他们能够更好地组织和激励团队成员，达到共同的目标。领导力的培养不仅对于武术团队有益，也对学生个人的成长和职业发展具有积极的意义。

在团队中，每个成员都能够贡献自己的优势和专长，共同解决问题。这种集体智慧的体现使得团队能够更高效地应对各种挑战和复杂问题。学生通过"打练合一"教学模式中的团队协作，不仅能够学到如何有效地与他人协作，还能够领悟到集体合作所带来的力量。团队协作在武术教学中强调的是相互尊重和信任，这对于一个团队的正常运作至关重要。学生在武术团队中应学会尊重队友的意见、信任他们的能力，从而建立起更加稳固的团队关系。这种尊重和信任的培养对于学生未来的职业发展和社交生活都具有重要的价值。

五、创新思维和解决问题能力的培养

学校武术在"打练合一"教学模式中注重学生面对实际问题、参与项目设计与执行，有助于培养学生的创新思维和解决问题能力。这样的培养不仅使学生能更好地适应未来社会的变革，而且为他们日后的职业生涯奠定了坚实的基础。

学生应在武术实践中学会运用已学的理论知识解决实际挑战和问题。武术并非僵化的技巧，而是需要根据不同的对手、环境和情境进行灵活应变的实践。这锻炼了学生在复杂环境下思考、判断和采取行动的能力，培养了他们的创新思维。在武术的实践中，学生需要不断改进和调整自己的技能，这种灵活性和创新性的培养对于他们未来面对复杂问题时的应对能力至关重要。

参与项目设计与执行是"打练合一"教学模式的核心要素之一。在项目中，学生不仅要理解并应用武术的理论知识，还需要与团队成员协作，设计并实施解决实际问题的方案。这种综合性的实践活动培养了学生的项目管理能力、团队合作精神以及解决问题的综合能力。在项目的设计和执行过程中，学生需要提出创新的想法、找到解决方案，这进一步促使他们发展创新思维和解决问题的能力。

武术的"打练合一"教学模式培养了学生的自主学习和自我管理能力。面对实际问题和参与项目设计与执行时,学生需要主动学习新知识、掌握新技能,并在团队协作中展现出自律和责任心。这样的学习方式培养了学生在未来自主面对新挑战时的能力,使他们更具备适应未来社会变革的能力。在职业领域中,创新思维和解决问题能力是极为重要的素养。学生不论是在企业中还是在科研领域,能够快速、灵活地解决问题并提出创新方案的能力都是受雇主青睐的素质。通过"打练合一"教学模式培养的创新思维和解决问题能力使得学生更具备竞争力,更能够在职业生涯中脱颖而出。

六、对学科整合的深入理解

在学校武术的"打练合一"教学模式中,学生深刻理解学科整合的重要性,通过实际操作体会到学科之间的相互关联。这种教学模式使学科知识不再是孤立的,而是能够相互促进、相互融合,从而更好地理解学科整合的内涵。

武术的"打练合一"教学模式将理论知识与实际操作相结合。传统上,学科知识往往在教学中被划分为理论和实践两个独立的领域。然而,在武术中,理论知识需要通过实际操作来得以巩固和应用。例如,学生学习某种武术技巧的理论知识后,需要在实践中不断操练,通过实际操作领会技巧的精髓。这种紧密的理论与实践结合使学生更好理解学科知识的实际运用,强调了学科整合的必要性。

学校武术的"打练合一"教学模式涉及多个学科领域的融合。武术不只是一项体育运动,还涉及生理学、解剖学、心理学等多个学科领域的知识。通过深入学习这些相关学科的理论知识,并将其运用到实际武术训练中,学生能够体会到不同学科之间的相互关联。[①] 这种跨学科的融合有助于学生形成更全面的知识体系,使他们更好地理解学科整合的内涵。武术的"打练合一"教学模式强调了学科整合在解决实际问题中的作用。在实际武术训练中,学生往往面临着各种复杂的情境和对手,需要灵活运用不同学科领域的知识来解决问题。这要求学生具备全面的学科素养,不仅能够理解武术技巧的原理,还需要考虑到生理、心理等方面的因素。通过实际操作,学生能够更好地体会到学科整合对于解决实际问题的必要性,并意识到单一学科视角无法全面理解和应对复杂的挑战。

七、提高学生对社会的责任感

学校武术的"打练合一"教学模式通过项目的实际应用,成功地培养了学生对

---

① 纪贤凡.浅析建国以来学校武术教育发展历程[J].搏击·武术科学,2013,(2):53—55

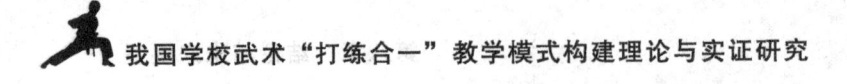

社会的责任感。在解决实际问题的过程中，学生会逐渐认识到他们的决策和行动对社会产生的影响，从而更加注重社会责任和可持续发展的观念。

项目的实际应用使学生直接参与社会实践，从而更深刻地认识到他们的决策和行为对社会有着直接的影响。在武术项目中，学生可能需要组织社区健身活动、参与公益演出或者设计武术课程等，这些活动都直接与社会联系。在实际操作中，学生能够感受到他们的决策和行为对社会的积极作用，也可能触及一些社会问题和需求。这种亲身体验使学生更加清楚地认识到自己作为社会成员的责任，激发了他们的社会责任感。

项目的实际应用引导学生关注社会可持续发展的问题。在武术项目中，学生可能会面对一系列与健康、文化传承、社区发展等相关的议题。通过深入参与项目，学生不仅了解这些议题的现状，还能够思考如何通过自己的努力对社会可持续发展作出贡献。这种思考过程培养了学生对可持续发展的关注和责任心，使他们在日常生活中更注重环境保护、社区发展等方面的问题。此外，项目的实际应用激发了学生的团队协作精神，强调共同体的责任。在武术项目中，学生通常需要与团队成员紧密合作，共同制订和实施项目计划。这样的协作过程使学生体验到在共同体中承担责任的重要性，意识到个体的决策和行为不仅关乎个人，更关系到整个团队和社会。这种集体责任感有助于培养学生更加全面的社会视角和对整体社会的责任感。

"打练合一"教学模式的研究成果显示，这一教学方法在促进学生全面发展、培养跨学科思维、提升实践操作技能、培养团队协作与领导力、激发创新思维和问题解决能力等方面取得了显著的成就。这为教育实践提供了有益的借鉴，也为学生更好地适应未来社会的需求提供了重要支持。

第二节 模式的可持续性与发展

学校武术的"打练合一"教学模式不仅在培养学生的武术技能上取得显著成果，更在可持续性与发展的方向上展现了独特的潜力。这一教学模式通过将理论知识与实际操作相结合，项目的实际应用以及强调团队协作，不仅使学生获得深厚的武术素养，也为他们培养了对社会责任和可持续发展的敏感性。这种综合性的教学方法有望为学校武术的长远可持续性与发展奠定坚实基础。

一、模式的可持续性与发展的意义

学校武术"打练合一"教学模式的引入标志着武术教育的一次深刻变革。这种教学模式不仅关注实际应用技能的培养，同时融合了武术理论和体能训练，为学生提供了全面发展的机会。这种创新的教学方法具有显著的可持续性与发展前景，对学生个体的成长和学校整体的教育水平提升都具有重要的意义。

（一）培养实用技能与身体素质

"打练合一"教学模式注重实战技能，使学生能够学到更为实用的武术技能。同时，结合体能训练，可以促进身体素质的全面提升。这种综合性的培养符合现代社会对学生多方面能力的需求，有助于他们在生活中更好地应对各种挑战。

"打练合一"教学模式的核心在于注重实战技能的培养。与传统武术注重套路和形式不同，"打练合一"更强调在实际战斗中的应用。学生通过模拟实际场景，学习如何迅速、准确地应对各种攻击和防御情境，不仅增强了自身的实际战斗能力，也提高了应变和决策的能力。"打练合一"教学模式不仅注重技术动作的练习，还结合了体能训练。通过综合性的身体素质提升，学生能够在力量、速度、灵活性等方面取得更好的平衡，使身体在实际战斗中更为适应和灵活。这种全面的身体素质培养对于武术的实际应用至关重要。

现代社会对于个体的要求不再停留在某一方面的技能或能力，而是需要多方面的全面素质。通过"打练合一"教学模式，学生既能够掌握实用的自卫技能，又能够提升身体素质，并适应多变的社会环境。这样的综合培养符合现代社会对于学生多方面能力的需求，为他们未来的发展打下坚实的基础。生活中存在着各种突发情况和挑战，这要求个体具备良好的身体素质和实际技能。通过"打练合一"教学模式培养出来的学生，不仅在面对潜在威胁时能够更为从容自如，同时在面对各种生活中的挑战时也能更好地应对，增强了他们的自信心和适应能力。

（二）增强自我保护能力

在当前社会，人们对安全的关注度越来越高，尤其是学生群体会面临各种潜在的危险和威胁，所以学生更应学会更好地保护自己。通过"打练合一"教学模式，学生能够提高自我保护能力，增强对危险情境的应对能力，从而培养出更为强烈的安全防范意识。

"打练合一"教学模式注重实战技能的培养，学生通过模拟实际战斗场景学习各种自卫技巧。这些技能不仅包括攻防技巧，还包括如何迅速脱身、避免危险等实用技能。通过学习这些技能，学生能够在面临威胁时更加从容应对，提高自卫能力。"打练合一"教学模式通过模拟危险情境，培养学生在紧急情况下冷静思考和迅速行动的能力。这种冷静的心态在面对危机时非常关键，能够帮助学生做出明智的决策，并采取适当的行动以保护自己。

在危险情境中，身体素质和耐力往往是至关重要的因素。通过"打练合一"教学模式，学生进行的体能训练不仅提高了身体的灵活性和反应速度，还增强了耐力。这使得学生能够在面对持久的紧急情况时保持良好的状态，更好地保护自己。"打练合一"教学模式的实际应用场景让学生更直观地感受到危险，并学会防范和规避潜在的威胁。通过这种实践，学生能够形成更为敏锐的安全意识，学会观察周围环境，识别潜在风险，提高对自身安全的保护意识。

通过"打练合一"教学模式，学生不仅提高了实际技能，也培养了自己在危险情境中的自信心。这种自信心并非盲目的勇气，而是基于对自身能力的真实了解和训练的积累。自信的学生更容易保持冷静，更有可能在危机中采取有效的行动。

(三) 激发学生兴趣，降低辍学率

武术作为一门古老而丰富的体育项目，因其独特的文化内涵和激烈的运动形式而备受青少年的喜爱。通过"打练合一"教学模式，将武术教学与实战技能相结合，更能贴近学生的兴趣，激发他们对武术的热情，从而在多个方面产生积极影响。

"打练合一"教学模式突破了传统武术注重套路和形式的教学方式，更加注重实战技能的培养。这种实战性质的教学更具吸引力，学生可以在学习中体验武术的实用性，增加了学科的趣味性和吸引力。许多学生对于电影、电视剧中的武打场面充满好奇和向往。通过"打练合一"教学模式，学生可以亲身体验并学习到这些精彩的武术技能，这对于他们而言是一种激动人心的体验，更容易引起他们对武术的浓厚兴趣。

武术的独特之处在于它不仅仅是一种运动，更是一门融合了文化和哲学的艺术。通过"打练合一"教学模式，学生不仅能够锻炼身体，还能够了解武术的深层次内涵，这种多元化的学习体验能够提高学生对学校体育课程的兴趣和参与度，降低辍学率。武术的吸引力使得学生更愿意参与体育活动，形成积极向上的学习态度。积极参与武术教学的学生往往更能够融入学校文化，获得良好的学校生活体验，从而减少了辍学的可能性。

武术的学习不仅仅是体育课上的锻炼，还包括对团队协作、尊重师长的培养。通过"打练合一"教学模式，学生在团队中共同进步，培养了团队协作精神，这不仅对学习武术有益，同时也促使学生更积极地参与学校生活的各个方面。

通过"打练合一"教学模式，武术教学更能贴近学生的兴趣，激发他们对武术的热情。这种积极的学习体验有助于提高学生对体育课程的参与度，降低辍学率，

促使学生更积极地参与学校生活，为学生的全面发展奠定坚实基础。

（四）弘扬传统文化价值观

武术不仅是一项体育运动，更是中国传统文化的重要组成部分，具有深厚的历史和文化底蕴。通过"打练合一"教学模式，可以更好地传承和弘扬中华武术的价值观，包括尊师重道、谦虚礼让等传统文化中的美德，塑造学生的良好品德。

武术注重师徒传承，师父在传授技艺的同时也传递着尊师重道的传统美德。通过"打练合一"教学模式，学生能够深刻体验到师生关系的重要性，学会尊重师长，听从教导，形成敬师爱德的良好品质。武术倡导的谦虚礼让的精神在"打练合一"教学模式中得到体现。学生在实战中体验到技巧的差距，从而更加谦虚。在武术的修炼过程中，学生学会了在胜利时保持谦逊，在失败时保持坚韧，这有助于培养学生谦虚谨慎、礼貌待人的品德。

武术强调团队的合作，每个队员都在共同的目标下努力奋斗。这符合中国传统文化中的"和谐共生"思想，通过"打练合一"教学模式，学生能够更好地理解团队精神，培养团结协作的品格。武术修炼强调保持忍辱负重、锲而不舍的坚韧毅力。在"打练合一"教学模式中，学生需要在实际战斗中克服各种困难和压力，这有助于培养学生在面对困境时能够坚韧不拔、永不言弃的品质。武术不仅是一种身体上的锻炼，更是一种心灵的修养。通过练习武术，学生能够提高对自己身体和情绪的认知，培养自律和自制的能力，形成端正的品德观念。

通过"打练合一"教学模式，学生在学习武术的过程中能够深刻体验到中华传统文化中蕴含的道德观念。这种文化价值的传承不仅有助于学生形成良好的品德，还能够为他们未来的发展提供坚实的道德基石。这对于培养具有文化底蕴和社会责任感的新一代有着积极而深远的影响。

（五）提高学校形象

引入"打练合一"教学模式，可以使学校的武术教育更符合时代潮流，更具有创新性，并有助于提高学校的形象。这种具有实际意义的教学方法能够引起社会的关注，为学校赢得更多的好评。

"打练合一"教学模式体现了武术教育的现代化发展趋势。传统武术注重套路和形式，而"打练合一"更加注重对实战技能的培养，符合当代社会对实用性和多元化教育的需求。通过紧密结合实际战斗技巧和体能训练，这种教学模式更符合时代潮流，使武术教育更具吸引力。"打练合一"教学模式带来的实际应用和全面发展的

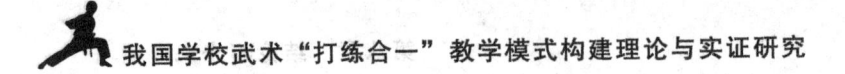

理念为学校武术教育注入了新的活力。通过在实际战斗场景中学习技能，学生更容易理解和接受武术的本质。这种创新性的教学方法不仅吸引学生主动参与，还能够提高教学效果。

学校通过引入"打练合一"教学模式表明其对于教育创新和学科发展的重视。这种前瞻性的做法有助于树立学校的形象，让学校更具有活力和竞争力。学校对于体育教育的关注和创新能力的展示将为学校的整体形象赢得社会各界的肯定。"打练合一"教学模式的创新性和实际意义很容易引起社会的关注。当学校在教育领域采用新颖的教学方法时，通常能够引起媒体和社会的广泛关注。这不仅有助于提升学校的知名度，还有助于吸引更多关注教育创新的人士。

"打练合一"教学模式的实际效果往往能够为学校赢得更多好评。通过学生在实际应用中取得的成就和进步，学校能够展示其教育水平和关注学生成长的态度，从而赢得社会、家长和学生的好评，为学校树立良好口碑。

二、模式的可持续性与发展前景

学校武术"打练合一"教学模式具有显著的可持续性与发展前景，其综合性的培养方式为学生提供了全面的素养，促使他们在不同层面取得可持续性的发展。以下是这一教学模式未来发展前景的几个关键点：

（一）满足社会需求的多样性

"打练合一"教学模式注重对实际技能的培养，符合现代社会对于个体全面素质的需求。随着社会的不断发展，对于实用性强、多方面能力兼备的个体需求日益增长。这种多样性的社会需求使"打练合一"教学模式更有可持续性，因为它不仅仅关注武术技能的传承，还包括体能、团队协作等方面能力的培养。

"打练合一"教学模式的可持续性体现在它不仅注重武术技能的传承，同时强调体能、团队协作等多方面能力的培养。随着社会的不断发展，对个体的要求不再局限于某一方面的技能，而是需要全面素质的个体。这种多方面能力的培养有助于学生更好地适应多变的社会环境，使得"打练合一"教学模式更具有社会适应性。

"打练合一"注重的是实际战斗技能，与传统武术注重套路和形式的教学方法有所不同。这种实用性强的教学方法更符合现代社会对实际技能的需求，使得学生在学习中获得的技能更具现实应用性。实用性强的教学方法有助于提升学生的竞争力，使得这种教学模式更有吸引力和可持续性。① "打练合一"教学模式能够灵活调整,适应社会对多元化能力的不断变革需求。随着社会的发展,对个体素质的需求也在不断演变,而这种教学模式强调的是基于实际需要的灵活调整。这种灵活性使得"打练合一"教学模式能够不断适应社会需求的变革,保持可持续性。

"打练合一"教学模式通过多方面的培养,促使学生在多个领域都能够全面发展。这不仅有助于学生在学科学习上更全面深入,还培养了学生的团队协作、沟通技能等软实力,使学生在多个方面都具备竞争力。这种全面发展的教育理念可以帮助学生在未来更好地适应社会的各个层面。"打练合一"教学模式强调实际应用,让学生能够在学习中体验到技能的实际效果。这种实际体验有助于激发学生对学习的兴趣,并使他们愿意持续学习和提升自己的能力。这种学习兴趣的培养是可持续发展的重要动力之一。

(二)创新性教学方法的吸引力

"打练合一"教学模式对传统武术教学进行了创新,通过强调实际技能、实战应用和综合能力的培养,使其更符合现代学生的学习兴趣和需求。这种创新性的教学方法不仅能够激发学生对武术的兴趣,还有助于提高学生参与度和满意度,从而推动教学模式的可持续性发展。

"打练合一"教学模式通过模拟实战场景,注重实际技能的培养,使学生更容易体验到武术的实用性。这种拥有实践性和实用性特征的教学方法能够激发学生对武术的浓厚兴趣,使其在学习中更加主动参与,积极投入到课程中。② 现代学生具有多样化的学习兴趣和需求,传统的武术教学往往过于注重套路和形式,无法满足学生的个性化需求。而"打练合一"教学模式通过强调实际技能和实战应用,更贴近学生的实际兴趣,满足了学生个性化的学习需求。"打练合一"教学模式的实际应用性质使学生更积极地参与课堂活动中。学生通过实际操作和体验,更容易理解和掌握武术技能,这种亲身参与的学习方式增强了学生的参与度,使学生更愿意主动参与到教学过程中。

强调实际技能和实战应用的"打练合一"教学模式有助于提高教学效果。学生通过实际操作和模拟实战的方式,更容易将理论知识转化为实际技能。这种教学效果的提高不仅增加了学生的学习成就感,还提高了整体教学的质量。"打练合一"教学模式倡导对实际技能的培养,不仅包括武术本身的技能,还包括体能、团队协作等多个方面。这种多学科的综合发展有助于培养学生的多方面能力,提升学生的综

---

① 武冬. "单对统一"武术套路竞赛模式研究[J]. 北京体育大学学报, 2016, 39 (4): 101—108.
② 王燕. 观澜小学"一校一拳"开展现状及对策分析[J]. 中华武术研究, 2015, 4 (7): 79—83.

合素质。创新性的"打练合一"教学模式往往能够吸引更多资源的投入,包括教育资源、体育设施等。学校在教学创新上表现出色,便有望得到更多支持,进而推动该教学模式的不断发展和改进。

(三) 提高学校教育水平的有效途径

引入"打练合一"教学模式可以有效提高学校武术教育的水平,培养更具实际技能的学生。这不仅能够满足学生和家长对教育质量的要求,还能够使学校在教育领域具有更强的竞争力,从而推动学校的可持续性发展。

"打练合一"教学模式注重对实际技能的培养,通过模拟实战场景和实际操作,使学生能够更直观地理解和掌握武术技能。这种对实际技能的培养不仅提高了学生的武术实用能力,也使武术教育更加符合当今社会对实际技能的需求。"打练合一"教学模式不仅关注武术技能的传承,还强调体能、团队协作等多方面的能力培养。通过全面的素质培养,学生不仅在武术方面得到锻炼,还在其他方面得到全面发展,提高了学生的综合素质。

现代社会,家长和学生对于教育质量提出了更高的要求,更加注重学生能够在学校学到实际能力。引入"打练合一"教学模式,能够满足这种期望,使学生在武术教育中不仅仅是学到武术技巧,更是获得实际能力和全面素质的提升。学校通过引入该模式,不仅提高了武术教育的水平,也提高了学校整体的教育水平。这种提升有助于树立学校的良好声誉,吸引更多优秀的学生和教育资源,提高了学校在教育领域的竞争力。

提高武术教育水平不仅对当前的教学质量有所提升,也为学校未来的可持续发展提供了动力。[①] 学校因为教学水平的提高而受到好评,有望吸引更多的学生和资源,形成良性的发展循环。"打练合一"教学模式强调综合性培养,有助于促使其他学科与武术学科的融合发展。这种交叉学科的发展使得学校整体的教育水平得到提升,形成更为综合完善的教育体系。

(四) 促进学科创新与交叉融合

"打练合一"教学模式强调学科之间的交叉融合,将武术教育与体育、心理教育等相结合。这种跨学科的融合不仅使武术教育更为全面和综合,还推动了武术教育向更宽广的领域发展,提升了整体教育水平。

"打练合一"教学模式融合了多个学科的元素,不仅侧重于武术技能的传承,还

---

① 颜辉. 试论"招法—套路"武术教学模式 [J]. 武术科学,2004,1 (4):54—55.

注重体育、心理、团队协作等多方面的培养，有助于学生在多个领域都能够得到全面发展，从而提高学生的全面素质。跨学科的融合鼓励了教学方法的创新，如结合体育、心理学等元素，可以采用更多元化的教学手段，增加学生对武术教育的兴趣。这种创新的教学方法可以激发学生的学习热情，提高学习效果。"打练合一"教学模式的跨学科融合促使不同学科之间的互补与交流。武术技能与体育、心理学等学科的结合，可以让不同学科之间的知识相互渗透，促进综合性的学科发展。

通过将团队协作等元素融入武术教育，学生不仅学到了个人技能，还培养了团队协作精神。这对于学生未来的职业和社交发展都具有积极的影响，使得学生更具竞争力。将多个学科的知识融入武术教育，使得教育更具实际应用性。学生在学习中不仅是练习武术技能，还能够应用其他学科的知识解决实际问题，提高了教育的实际应用性。通过与其他学科的融合，武术教育能够拓展其影响力，如不仅可以提升武术教育在学校教育中的地位，还能够让更多学生受益于跨学科的教育方式。

（五）增强学生终身学习的动力

"打练合一"教学模式注重实际应用，通过强调实践性的教学方法，培养了学生解决实际问题的能力。这种注重实际应用的教学方式不仅有助于学生在学习中更好地理解和应用知识，还增强了学生终身学习的动力。

"打练合一"教学模式将武术技能与实际应用相结合，使学生在学习中不只是对武术动作的机械重复，更是面对实际情境的应用。通过模拟实战场景，学生需要解决各种实际问题，这培养了他们解决现实生活中各类问题的能力。注重实际应用的教学方法鼓励学生进行实际操作，使他们能够将理论知识转化为实际技能。这不仅可以提高学生的实际操作技能，还能够激发学生对学习的主动性和热情。

通过注重实际应用，学生在学习中体验到知识的实际效果，增加了他们对学习的兴趣。这种教学方法增强了学生终身学习的动力，使他们更愿意在实际生活中不断学习、提升自己的技能。"打练合一"教学模式中注重实际应用使得学习更具实用性。学生学到的不仅是理论知识，更是可以直接应用于实际生活中的技能。这种教学方法提高了学习的实际效果，使学生更加珍视所学知识。

这种注重实际应用的教学方法促使学生更加主动地参与学习过程。学生通过实际操作和解决实际问题，更容易理解和掌握知识。这种主动性的学习过程培养了学生主动学习的习惯，使其具备更强的学习动力。在当今社会，终身学习已经成为一种必要的能力。注重实际应用的"打练合一"教学模式使学生在校时就能培养终身学习的观念和能力，以更好地适应未来社会对学生不断学习的要求。在解决实际问题的过程中，学生逐渐养成了解决问题的自信心。这种自信心不仅体

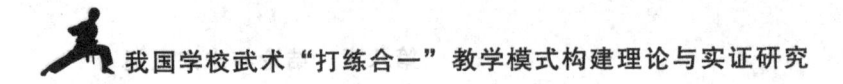

现在武术技能的运用上,还能够在其他方面帮助学生更加积极、自信地应对生活和职业中遇到的各种挑战。

(六)吸引更多的资源投入

"打练合一"教学模式的创新性和实际意义容易吸引更多的资源投入,包括学校、企业、社会组织等的支持。这种资源投入不仅有助于提升教学设备质量和拓展课程内容,还为"打练合一"教学模式的可持续性发展提供了有力支持。

"打练合一"教学模式作为一种创新性的教学方式,容易引起学校的关注和支持。学校愿意投入资源以提升教学水平,尤其是对于能够满足学生实际需求、创新性强的教学模式更为青睐。这种支持有助于提升教学设备质量、培训教师,进而推动"打练合一"教学模式的发展。企业对具有实际意义和实用性的教育模式感兴趣,因为这种模式培养的学生更符合职场的需求。因此,一旦"打练合一"教学模式能够证明其实际效果,吸引企业的关注,就可能获得企业的合作与投入。企业的资源投入不仅可以用于提升教学设备质量,还有可能提供实习、就业机会等支持。社会组织对于促进教育创新和提高学生实际技能有着浓厚兴趣。如果"打练合一"教学模式能够展现其社会价值,社会组织可能会提供资金、专业培训等方面的帮助,推动这种教学模式的发展。

资源投入可以用于提升教学设备质量和场地条件,确保学生在实际操作中有足够的支持,包括购置更先进的训练器材、搭建适合实战模拟的场地等,以提高"打练合一"教学模式的实际应用效果。通过资源投入,学校可以拓展"打练合一"教学模式的课程内容,包括引入更多实际案例、深化学科交叉融合等,丰富学生的学习体验,使教学更具深度和广度。资源投入还可以用于教师培训和课程研发。为教师提供专业的培训,使其更好地掌握"打练合一"教学模式的教学方法,提升教学质量。同时,通过课程研发,可以不断优化和完善这种教学模式,保持其在教育领域的创新性。资源投入也可以用于推广与宣传"打练合一"教学模式,使更多的学校、学生、家长了解并认可这种教学方法。这种推广有助于吸引更多的关注和支持,推动该教学模式在更广泛的范围内的应用和发展。

第三节 未来研究方向与推广建议

随着教育领域的不断发展和武术在学校教育中重要性的逐渐凸显,学校武术"打练合一"教学模式作为一种创新性的教育方式,为学生提供了实际应用武术的机会，促使其全面发展。然而，为了更好地推动这一模式的可持续发展，我们需要深入研究其理论基础，拓展实践应用领域，并采取一系列有针对性的推广措施。以下是关于该模式未来研究方向与推广建议的一些思考。

一、未来研究方向

为了进一步推动"打练合一"教学模式的发展与应用，未来的研究方向需着重于深化理论研究、优化教学方法、加强跨学科融合等方面。

（一）理论基础的深化

学校武术"打练合一"教学模式的理论基础是其独特的教育理念，即强调武术的传承、实用性培养和综合素质提升等。深入研究这一理论基础对于更好地理解"打练合一"教学模式的教育原理至关重要。

1. 武术传承的理论基础

"打练合一"教学模式注重武术的传承，旨在继承和弘扬中华武术的传统。这一理论基础可能涉及对武术起源、发展历程、各派别特点等方面的深入研究。理解武术的根本理念、文化内涵以及各种招式的来源，有助于确立"打练合一"教学模式在武术传承方面的教育原则。

2. 实用性培养的理论基础

在实用性培养方面，理论基础可能涉及武术的实战应用、技能训练的有效性等问题。深入研究不同武术技术在实际战斗中的运用，理解实战背后的原理，有助于确立"打练合一"教学模式注重实用性培养的教育原则。

3. 综合素质提升的理论基础

在综合素质提升方面，理论基础可能涉及武术与身体素质、心理素质、团队协作等多方面的关联。通过深入研究这些关联，可以理解武术对学生身心发展的全面促进作用，为"打练合一"教学模式在培养学生多方面能力方面提供理论支持。

4. 教育学理论的融合

将武术传承、实用性培养、综合素质提升的理论与现代教育学理论相融合，探索如何更好地将武术融入学生的综合素质培养中。这包括教育心理学、教育学习理论等方面的研究，以建立"打练合一"教学模式的更为完善的教育理念。

5. 文化价值观的传承

武术作为中国传统文化的一部分，理论基础也涉及文化价值观的传承。[①] 深入研究中华武术所蕴含的价值观念，如尊师重道、谦虚礼让等，为"打练合一"教学模式在塑造学生品德方面提供深刻的文化支持。

（二）教学方法的优化

优化"打练合一"教学模式的教学方法是确保其实际效果和可持续发展的重要一环。这需要对实战模拟、体能训练和团队协作等方面的设计和组织进行深入研究，以提高学生在实际应用中的能力。

1. 实战模拟的设计

实战模拟是"打练合一"教学模式的核心之一。研究通过何种方式进行实战模拟，包括场景设计、对手模拟、装备使用等方面，以提高实战模拟的真实性。通过深入了解实际应用场景，可以更好地设计真实、有效的实战模拟，使学生能够在模拟中真切感受武术技能的实用性。

2. 体能训练的组织

武术的实战能力不仅体现在技巧方面，还与身体素质密切相关。研究如何组织有效的体能训练，包括力量、耐力、灵活性等方面，以提高学生的身体素质。通过科学合理的体能训练，学生可以在实际应用中更具持久力和适应力。

3. 团队协作的引入

在武术实践中，团队协作是一项重要的素质。研究如何引入团队协作元素，包括合作练习、集体演练等，以培养学生的协同作战能力。这不仅提高了团队凝聚力，也使学生更好地适应团体作战环境。

4. 个性化教学方法的研究

考虑到学生个体差异，研究如何根据学生的不同特点来制订个性化的教学方法。这包括根据学生的体能水平、兴趣爱好等差异，灵活调整教学计划，使每个学生都

[①] 何雪芹. 高校武术教学中课程思政的价值与融合研究[J]. 武当, 2023, (1): 62-64.

能够在"打练合一"教学模式中找到适合自己的提升路径。

5. 教学技术的应用

利用现代教学技术,如虚拟现实(VR)、增强现实(AR)等,来优化"打练合一"教学模式的应用。通过这些技术的辅助,可以为学生提供更丰富的教学体验,增强学生的参与度和学习效果。

6. 持续评估与反馈机制

建立持续的评估与反馈机制,及时了解学生在实际应用中的表现,发现问题并作出调整。这有助于不断优化教学方法,确保"打练合一"教学模式始终保持在最有效的状态。

(三)学科融合

学科融合是"打练合一"教学模式的关键元素之一,它旨在将武术与其他学科有机地结合,提高学科整体的教学效果。

1. 武术与体育的融合

研究武术与体育的融合效果,需要考虑如何将武术技巧与体育训练相结合。这包括制订综合性的训练计划,使学生不仅在武术技能上有所提高,同时在身体素质、协调性等方面得到锻炼。

2. 武术与心理学的融合

深入研究武术与心理学的融合效果,涉及如何运用心理学理论来辅助武术训练。例如,培养学生的专注力、意志力,以及通过武术培养积极心态和自我调控能力等方面。

3. 武术与团队协作的融合

研究武术与团队协作的融合效果,需要考虑如何通过武术训练提升学生的团队协作和沟通能力。这包括设计合作练习、集体演练等方式,使学生在武术中学会有效地与他人协作。

4. 互补性学科的整合

探讨武术与其他互补性学科的整合,例如,物理学、生物学等,以深化学生对武术原理的理解。这不仅有助于学生掌握武术的技巧，还能够帮助其了解背后的科学原理。

5. 跨学科项目设计

研究如何设计跨学科的项目，使学生在一个项目中涉及多个学科的学习。这可以通过设立综合性的武术项目，要求学生在项目中运用体育、心理学、团队协作等多个学科的知识和技能。

6. 教学资源整合与共享

确立武术与其他学科融合的教学资源整合与共享机制。这包括设计跨学科的教材、课程内容，以及建立教师团队，促进学科之间的交流与合作。

7. 评估融合效果的指标体系

建立科学的评估体系，用于评估学科融合的效果。这可能包括学生在不同学科中的表现、学科整合后的整体素质提升等指标，以便更好地了解融合效果。

（四）不同年龄段的适用性

研究"打练合一"教学模式在不同年龄段学生中的适用性是为了更好地满足各年龄段学生的需求，考虑学生的年龄特点进行教学设计是关键的。以下是对不同年龄段学生的适用性研究和相应的教学设计的一些思考：

1. 幼儿阶段（3—6岁）

适应特点：幼儿期注重基础运动技能的培养，兴趣主导性强。
教学设计：引导活泼好动的幼儿通过寓教于乐的方式，进行简单的武术动作练习。结合武术基本姿势，通过游戏和故事形式，培养幼儿基本的协调性和专注力。

2. 小学阶段（7—12岁）

适应特点：小学生对动手体验和竞争性活动感兴趣，好奇心强。
教学设计：引导学生逐步学习武术基本技能，注重实战模拟的趣味性设计。通过小组活动和比赛激发学生的竞争意识，培养团队协作和互助精神。

3. 初中阶段（13—15岁）

适应特点：对挑战性活动有更高的接受度，开始形成自我认同。

教学设计：引导学生逐步接触更复杂的武术技能，强调实际应用和自我防护。通过情境模拟，培养学生的自信心和应对挑战的能力。

4. 高中及以上阶段（16 岁以上）

适应特点：注重个性发展，对技术深度和哲学层面有更高的追求。

教学设计：提供更深入的武术理论知识，培养学生的领导力和自我管理能力。引入武术哲学，促使学生思考武术的文化内涵，培养终身学习的兴趣。

5. 跨年龄段的教学设计

多层次分组教学：根据不同年龄段的学生特点，采用多层次分组教学，使得每个学生都能在相对适合的学习环境中发展。

个性化辅导：为不同年龄段的学生提供个性化辅导，根据他们的学习兴趣和水平差异，调整教学内容和难度。

6. 安全性与监管

强调安全教育：针对不同年龄段的学生，强调安全教育，教授正确的武术动作和实战技巧，防范潜在的风险。

增加监管措施：针对较小年龄段的学生，加强监管措施，确保他们在学习过程中的安全。

（五）教师培训与发展

研究"打练合一"模式下教师的培训需求是关键的，因为教师的理解和应用水平直接影响到该模式的高质量实施。制订相应的培训计划需要考虑到武术技能、教学方法、学科融合等多个方面，以帮助教师更好地适应这一教学模式。

1. 武术技能培训

为教师提供基础武术技能培训，确保他们能够准确掌握并传授学生基本的武术姿势、动作等。提供实战模拟培训，帮助教师理解如何将武术技能融入实际应用，使学生能够在真实场景中应用所学。培训教师如何设计富有趣味性的活动，引导学生在愉悦的氛围中学习武术技能。提供差异化教学的培训，帮助教师更好地应对不同学生的学习差异。

2. 学科融合培训

帮助教师了解不同学科之间的联系,培养他们将武术与其他学科整合的能力。提供学科融合的项目设计培训,让教师能够设计出既包含武术技能又涉及其他学科知识的教学项目。培训教师了解现代教育理论,以更好地理解"打练合一"教学模式的教学理念。提供心理学知识的培训,使教师能够更好地理解学生的心理发展和需求。

3. 持续专业发展

定期组织学科研讨,分享教学经验,促进教师的持续专业发展。根据教师的反馈和教学模式的发展,定期更新培训内容,使培训一直保持对教师的吸引力和实用性。[①]组织校际交流活动,使教师有机会分享实践经验、借鉴他校的成功案例,促进教学水平的共同提高。

为教师提供基本的急救知识培训,确保其在武术教学中能够及时应对潜在的安全风险。培训教师如何有效监管学生,以便其在武术活动中保障学生的安全。

(六) 社会认知与接受度

调查社会对"打练合一"教学模式的认知和接受度,研究公众对于武术教育的期望,以便更好地调整和优化教学内容,提高社会对这一教育模式的认同感。

1. 社会认知度的调查

通过问卷调查、访谈等方式,了解社会对"打练合一"教学模式的了解程度、对其教学理念的认知和了解程度。分析调查数据,了解社会中不同群体对"打练合一"教学模式的认知情况,发现认知的盲点和需求。

2. 接受度的研究

研究社会各界人士对"打练合一"教学模式的观点,包括教育专家、家长、学生以及企业界人士的看法。探讨不同群体对该模式可能存在的抵触点,明确社会的关切和期望。了解社会对武术教育的期望,包括期望学生在技能、身体素质、道德品质等方面的发展。分析社会对武术教育的关注点,例如,安全性、实用性、文化传承等,以明确调整教学内容的重点。

---

① 朱成功.初中武术教学方法的应用研究[J].武当,2023,(1):89-91.

3. 与传统教育模式的比较

调查社会对"打练合一"教学模式与传统武术教学模式的比较观点，了解公众对两者的优劣势认知。分析比较结果，找出"打练合一"教学模式相对传统教学模式的优势和劣势，为改进提供指导。调查家长对于孩子接受武术教育的期望，包括对于教学内容、教学环境、教师素质等的期望。了解学生对于学习武术课程的期望，包括兴趣点、学科偏好等。

4. 公众参与度的评估

评估社区和公众对"打练合一"教学模式的参与度，包括社区活动、公开课程等的关注和参与情况。根据评估结果，提出建议，以提高社会的参与度，增强公众对这一教学模式的认同感。

总而言之，通过深入了解社会对"打练合一"教学模式的认知和期望，教育机构可以更有针对性地调整和改进教学内容，提高社会的接受度和认同感，进而推动这一教育模式的可持续发展。

通过深入研究上述方向，可以更好地理解"打练合一"教学模式的本质，进一步提高其教育效果，使其在未来得到更为广泛的应用。

二、推广建议

随着社会对综合素质培养需求的不断提升，学校武术"打练合一"教学模式作为一种创新且能全面发展学生能力的教学方式备受瞩目。为更好地促进这一模式的推广，我们提出以下一系列建议，旨在提高社会对该教学模式的认知度、接受度，从而推动其在学校教育中的广泛应用。

（一）示范学校的建设

在推广学校武术"打练合一"教学模式时，选择一些愿意尝试并具备条件的学校作为示范学校是一个关键的策略。这些学校将成为该模式的先行者，通过充分展示其优势，可以更有说服力地影响其他学校的认知与接受度。

1. 愿意尝试的学校

选择教育愿景与"打练合一"教学模式的理念相契合，且有强烈的意愿尝试创新的教学方式的学校。保证学校领导层对这一教学模式有积极的支持，愿意为实施提供必要的资源和支持。

2. 充分开展宣传与推广活动

在示范学校组织校园开放日,向社区、家长和其他学校展示"打练合一"教学模式的实际教学情景。主办学术研讨会,邀请教育专家和从业者分享"打练合一"教学模式的经验和成果。利用校园内外媒体进行广泛宣传,包括校园电视台、社交媒体和报纸等,提高公众对该模式的认知。

3. 示范效应的优势

在示范学校内设立"打练合一"教学成果展示区,让参观者能够亲身感受学生在武术技能、团队协作等方面的提升。邀请示范学校的教师分享实施该模式的经验,包括挑战、收获以及对学生发展的见证,以便其他学校更好地了解实际情况。

4. 吸引其他学校的参与

与其他学校建立合作交流机制,鼓励他们参观示范学校,与教师、学生交流经验,加深理解。与示范学校共同组织培训活动,为其他学校师生提供更多关于"打练合一"教学模式的专业知识和实践经验。

(二)教师培训与支持

在推广学校武术"打练合一"教学模式时,重点投入资源进行教师培训是确保该模式成功实施的关键步骤。培养一批经验丰富、热情洋溢的教师,不仅能够在实际教学中取得成功,也将成为推广过程中的核心力量。

1. 系统化培训计划

为教师提供关于"打练合一"教学模式的理论基础培训,包括教学理念、实施步骤等内容。进行实际的武术技能培训,确保教师能够熟练掌握所需的武术动作和实战技能。邀请武术专家、教育专家等形成专业教育团队,为教师提供系统化、专业的培训。组织定期的研讨会,让教师能够互相分享实践经验,共同成长。

2. 实际教学演练

在培训中设置课堂模拟环节,让教师模拟实际教学情境,获得实践经验。安排教师到示范学校观摩,让他们亲身感受"打练合一"教学模式的实际运作。针对不同教师的特点,提供个性化辅导,解决他们在实施中遇到的困难。设立定期的反馈机制，让教师得到及时的反馈，以便及时调整教学方法。

3. 激发热情与认同感

鼓励已经成功实施"打练合一"教学模式的教师分享他们的成功经验，激发其他教师的兴趣。设立教师认可与奖励制度，激发教师的热情与投入。在实际教学过程中，进行定期的跟进支持，解决教师在实施过程中的问题，确保持续的优化和改进。提供教学资源支持，包括教材、培训资料等，使教师能够更好地准备和实施课程。

通过系统的培训计划、专业教育团队的支持、实际教学演练和个性化的辅导，教师将能够更好地理解和运用"打练合一"教学模式。培养一支热情且经验丰富的教育团队将成为推广过程中的核心力量，有效提高该模式的实施质量，为学生提供更优质的教育服务。

（三）家校合作与社会宣传

在推广学校武术"打练合一"教学模式时，重点建立家校合作机制是确保该模式成功实施的关键步骤之一。通过与家长保持密切联系，提供有针对性的宣传材料，并通过社会宣传活动提高社会认知度，可以增强家长和社会的对该模式的理解与支持。

1. 家校合作机制的建立

定期组织家长会议，介绍"打练合一"教学模式的教学理念、优势以及学生在实践中的表现。

设立家访与其他沟通渠道，及时了解家长的关切和期望，回应他们的疑虑。定期组织学生进行作品展示，让家长亲身感受学生在"打练合一"教学模式下的创意和进步。定期向家长反馈学生的学习情况和发展变化，使家长更加了解课程的实际效果。

2. 提供有针对性的宣传材料

制作"打练合一"教学模式的教学成果展示册，详细展示学生在技能、团队协作等方面的进步。提供家长手册，详细解释"打练合一"教学模式的教学目标、实施步骤和对学生的影响。在校园开放日中安排"打练合一"教学模式的展示，邀请家长参观，了解课程特色和学生表现。参与社区活动，向社区居民介绍"打练合一"教学模式，提高社区对该模式的认知度。

3. 专题讲座与研讨会

邀请教育专家进行关于"打练合一"教学模式的专题讲座，解答家长可能存在的疑虑和问题。

定期举办家长研讨会，促使家长们互相交流经验，形成共识。利用社交媒体平台，发布关于"打练合一"教学模式的实际案例、学生成就和家长见证的内容。创建校园博客，分享学生在该模式下的成长故事，引起社会关注。

通过建立家校合作机制，提供有针对性的宣传材料，以及通过社会宣传活动提高社会认知度，从而形成一个积极的推广氛围。这样的合作机制不仅有助于家长更好地理解并支持"打练合一"教学模式，也将在社会层面上提升对该模式的认可度，促使其更广泛地在学校中得以推广。

(四) 奖励机制的建立

设立奖励机制是推广学校武术"打练合一"教学模式的重要手段之一。通过设置奖项，如荣誉、资金支持等，从而激发学校、教师和学生的参与积极性和热情，推动该模式的推广和实施。

1. 学校奖励机制

设立"示范学校"奖项，鼓励积极尝试并成功实施"打练合一"教学模式的学校。设立"创新奖"，奖励在该模式实施中表现出色、提出创新建议的学校。为获奖学校提供额外的项目拨款，支持其在"打练合一"教学模式下的教学和培训。设立"最佳教学奖"，奖励在"打练合一"教学模式中表现卓越、取得显著成果的教师。提供专业发展奖励，支持教师进一步深造，以提高教学水平。

2. 学生奖励机制

针对在"打练合一"教学模式下学业进步显著的学生设立学术进步奖项。设立"创意成就奖"，奖励在武术技能、团队协作等方面表现突出的学生。设立奖学金，鼓励学生在武术学习和综合素质方面的不断进步。颁发荣誉证书，向学校、教师和学生提供正式的认可，增强其在学校和社区的声望。将获奖学校、教师和学生的成功经验通过媒体进行宣传，提高其在社会中的知名度。

3. 竞赛活动

设立教学竞赛，邀请学校和教师参与，激发大家对"打练合一"教学模式的研究和实践热情。举办学生武术比赛，奖励在比赛中表现出色的学生，增加学生积极参与的动力。

（五）教育管理层面的政策支持

在推广学校武术"打练合一"教学模式时，争取学校管理层和教育主管部门的政策支持至关重要。这不仅可以确保该模式在资源、人员和政策上得到合理的支持，还有助于推广过程的顺利进行。

1. 教育政策支持

争取教育主管部门制定与"打练合一"教学模式相关的政策，明确支持该模式在学校中的实施。争取将"打练合一"教学模式融入学校教育规划，使其成为学校教学体系的一部分。争取学校管理层增加用于"打练合一"教学模式的教育经费，确保其顺利实施。教育主管部门可以提供专业培训资源，确保教师能够熟练掌握该模式的教学方法。

2. 人才培养与流动

争取支持学校建立"打练合一"教学模式的人才培训计划，培养更多符合该模式需求的专业人才。推动教育主管部门制定支持教师在不同学校间流动的政策，促进经验和资源的共享。

争取将"打练合一"教学模式的实施纳入学校及教师的绩效考核体系，确保其在教育体系中得到充分的重视。与教育主管部门合作，建立科学的评估机制，定期评估"打练合一"教学模式的实际效果。

3. 社会宣传与合作

争取学校管理层和教育主管部门积极宣传支持"打练合一"教学模式的政策，提高社会对该模式的认知度。寻求与教育主管部门合作，促成与社会机构（企业、社区等）的合作，共同推动该模式的发展。建立定期的沟通机制，举行会议与研讨活动，确保学校管理层、教育主管部门和相关机构之间的信息流畅。通过建立合作联盟，促进学校管理层、教育主管部门和其他利益相关者的合作，形成共同推动"打练合一"教学模式的合力。

通过争取学校管理层和教育主管部门的政策支持，可以为"打练合一"教学模式在学校中的顺利推广提供坚实的基础。这种全面的支持能够为该模式的实施提供必要的资源和环境，促使其在学校教育中取得更好的成效。

通过在以上这些重点方向上有重点地投入资源和精力，可以更加有针对性地推广学校武术"打练合一"教学模式，提高推广的效果和可持续性。

参考文献

[1] 刘晓惠. 新时代中国武术散打赛事发展困境与应对策略 [J]. 武术研究, 2023, 8 (11): 36-38+49.

[2] 蔡仲林, 翟少红. 体育教育专业武术必修课程现状对策研究 [J]. 武术科学, 2004 (5): 1-3.

[3] 程大力. 中国武术文化发展大战略: 保护与改革 [J]. 体育文化导刊, 2005 (2): 16-20.

[4] 刘玲娜, 陈会鹏. 立德树人视阈下武术教育在高校的传承现状与发展对策研究 [J]. 武术研究, 2023, 8 (11): 17-19.

[5] 杨青, 唐守彦, 刘世美. 高校武术公选课思想政治教育探析 [J]. 武术研究, 2023, 8 (11): 64-67.

[6] 柴广新. 义务教育阶段武术"打练合一"教学模式的理论构建与实证研究 [D]. 华东师范大学, 2021.

[7] 张依格. 体育强省: 武当武术的当代发展及价值取向 [J]. 武术研究, 2023, 8 (11): 24-26+42.

[8] 田杰, 周嵩山. 新时代学校武术教学的问题、路径与策略 [J]. 武术研究, 2023, 8 (11): 55-59.

[9] 杨珊珊. 古代中华武术精神 [J]. 武术研究, 2020, 5 (10): 33-36.

[10] 杨欢, 吴虎祥, 郭歌. 突破与创新: 学校武术教育的历史回溯与展望 [J]. 武术研究, 2023, 8 (11): 89-92.

[11] 丁昊阳, 王岗. 中国武术发展的三重进路 [J]. 山西大学学报(哲学社会科学版), 2023, 46 (6): 66-73.

[12] 卢玺. 全民健身视域下高校体育武术教学改革探究 [J]. 中华武术, 2023 (8): 101-103.

[13] 张紫亮. 补偿性体能素质背景下高中武术教学有效性研究 [J]. 中华武术, 2023 (9): 114-116.

[14] 水海龙. 传统武术文化在高校武术教学中的传承与重构 [J]. 冰雪体育创新研究, 2023 (19): 146-148.

[15] 杜惠珍,张婕,吕超.高校武术教学中动态分层教学法的应用[J].中华武术,2023(10):105-107.

[16] 王壮丽.对临汾市民办武术学校教育实践的研究[D].太原:中北大学,2023.

[17] 姬峰,王开创.武术核心素养发展视阈下中学武术教学设计要点与方法选择[J].体育视野,2023(17):60-62.

[18] 宋友飞.文化传承视域下高校武术教学创新模式研究[J].武当,2023(6):79-81.

[19] 程传银.发展学生体育学科核心素养的教学论解读[J].沈阳体育学院学报,2019,38(3):1-7.

[20] 王玉霞.基于虚拟现实技术的武术训练动作模拟系统设计[J].现代电子技术,2020,43(12):127-129+132.

[21] 冯爽.体教融合背景下成都高新区中学武术教学优化策略研究[D].西安:西安体育学院,2023.

[22] 陈美琴.中小学武术教育步入窘境的思考[J].运动,2011(3):63.

[23] 段丽梅,戴国斌.何为学校体育之身体教育[J].体育科学,2016,36(11):12.

[24] 高廷波,张云龙,吴刚.探究式武术教学模式的实验研究[J].搏击·武术科学,2007,4(7):68-69.

[25] 杨建营.普通学校武术教育改革理念探析[J].沈阳体育学院学报,2016,35(4):128-133.

[26] 刘文武.传统武术进入我国学校系统的必要性及其途径研究[J].北京体育大学学报,2013,36(1):97-101.

[27] 陆长英.全球化背景下东盟十国武术发展研究及其对武术教学的启示[J].武术研究,2023,8(5):13-15.

[28] 彭福栋.试析武术文化的特性[J].武汉体育学院学报,2007(5):42.

[29] 尚力沛,程传银.超越技能:基于发展学生核心素养的体育深度教学[J].沈阳体育学院学报,2018,37(3):96-103.

[30] 武冬,吕韶钧.高等学校武术课程体系改革研究[J].北京体育大学学报,2013,36(3):92-98.

[31] 张峰,李文鸿.学校武术教学改革实施策略[J].上海体育学院学报,2016,40(6):97-102.

[32] 任训学,王春喜.教学效果评价问卷 SEEQ 信度分析 [J].湖北大学学报 (哲学社会科学版),2002 (4):76—78.

[33] 刘铁芳.健全人的核心素养及其课程设计 [J].全球教育展望,2016,45 (09):11—20.

[34] 武冬.高等学校武术课程体系改革研究 [J].北京体育大学学报,2013,36 (3):94—98+105.

[35] 王岗.对学校武术教育的历史回眸与当代发展的思考 [J].北京体育大学学报,2016,39 (6):90—95.

[36] 纪贤凡.浅析建国以来学校武术教育发展历程 [J].搏击·武术科学,2013,(2):53—55.

[37] 武冬."单对统一"武术套路竞赛模式研究 [J].北京体育大学学报,2016,39 (4):101—108.

[38] 王燕.观澜小学"一校一拳"开展现状及对策分析 [J].中华武术研究,2015,4 (7):79—83.

[39] 颜辉.试论"招法—套路"武术教学模式 [J].武术科学,2004,1 (4):54—55.

[40] 何雪芹.高校武术教学中课程思政的价值与融合研究 [J].武当,2023,(01):62—64.

[41] 朱成功.初中武术教学方法的应用研究 [J].武当,2023,(01):89—91.